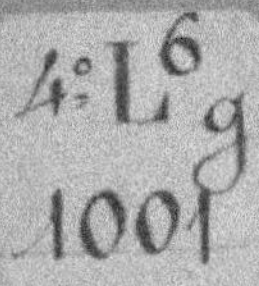

LE PREMIER TRAITÉ DE LA FRANCE AVEC LE JAPON

(Yedo, 9 Octobre 1858)

PAR

HENRI CORDIER.

Extrait du «T'oung-pao», Vol. XIII.

LIBRAIRIE ET IMPRIMERIE
CI-DEVANT
E. J. BRILL
LEIDE — 1912.

LE PREMIER TRAITÉ DE LA FRANCE AVEC LE JAPON

(Yedo, 9 Octobre 1858)

PAR

HENRI CORDIER.

高

Extrait du «*T'oung-pao*», Vol. XIII.

LIBRAIRIE ET IMPRIMERIE
CI-DEVANT
E. J. BRILL
LEIDE — 1912.

IMPRIMERIE CI-DEVANT E. J. BRILL, LEIDE.

LE PREMIER TRAITÉ DE LA FRANCE AVEC LE JAPON

(Yedo, 9 Octobre 1858)

PAR

HENRI CORDIER.

Introduction.

A plusieurs reprises, les Russes avaient essayé par la Sibérie d'établir des relations avec le Japon. On sait que l'Empire du Soleil-Levant était complétement fermé aux étrangers, sauf aux Chinois et aux Hollandais, depuis le milieu du XVIIe siècle. Encore ces derniers étaient-ils cantonnés dans l'îlot artificiel de Deshima, créé en 1635 dans la baie de Nagasaki. Vers 1780, un navire de commerce japonais fit naufrage à l'île Amtchitka, une des Aléoutiennes; l'équipage et son commandant RODAÏ furent sauvés et conduits à Irkoutsk, où ils résidèrent pendant une dizaine d'années. L'impératrice CATHERINE pensa alors qu'on pourrait profiter du renvoi de ces Japonais chez eux pour établir avec le gouvernement du Shogoun des relations commerciales. En conséquence, le général PIHL, gouverneur général de la Sibérie, reçut l'ordre de choisir comme envoyé au Japon une personne plutôt d'un rang inférieur, porteur de présents en son nom (à lui Pihl) et non en celui de l'Impératrice; en outre, le commandant du navire employé dans la circonstance ne devait être ni hollandais ni anglais. Par suite de ces

Les Russes. Laxman.

ordres, le gouverneur Pihl désigna comme envoyé le lieutenant LAXMAN, qui s'embarqua sur le transport *Catharina*, commandé par le pilote Lovzov, qui fit voile d'Okhotsk pour le Japon en automne 1792. Je traduis ces détails presque littéralement de la relation de GOLOVNIN. Laxman débarqua sur la côte Nord de l'île de Yeso, et passa l'hiver dans le petit port de Nemuro. L'été suivant, se conformant au désir des Japonais, il entra dans le port d'Hakodate, au Sud de Yeso, d'où il se rendit par terre à Matsoumaï (Foukouyama), à trois jours à l'Ouest d'Hakodate, près du Tsougarou seto, qui sépare Yeso de Hondo. Laxman ouvrit là avec les fonctionnaires japonais envoyés de la capitale des négociations, à la suite desquelles le gouvernement shogounal fit la déclaration suivante:

«1° Quoique les lois du Japon ordonnent que tous les étrangers qui pourraient débarquer à n'importe quel point de la côte du Japon, le port de Nagasaki excepté, seraient faits prisonniers et condamnés à la détention perpétuelle, ces châtiments infligés par les dites lois ne seront pas mis en force contre les Russes dans le cas présent, car ils ignoraient l'existence de ces règlements et ils ont amené avec eux des sujets japonais qu'ils ont sauvés sur leur propre côte; et il leur sera permis sans délai ou molestation de retourner immédiatement dans leur pays, à la condition toutefois qu'ils ne s'approcheront de nouveau d'aucune côte du Japon, excepté Nagasaki, même si des sujets japonais étaient jetés sur la côte de Russie, autrement la loi serait appliquée dans toute sa rigueur.

«2° Le gouvernement japonais envoie ses remercîments pour le transport de ses sujets dans leur pays; en même temps, il donne avis aux Russes qu'ils peuvent, soit les laisser, soit les ramener avec eux comme ils voudront; car suivant les lois japonaises ces gens ne peuvent être retenus de force, puisque ces lois déclarent que les hommes appartiennent au pays dans lequel leur destinée peut les avoir jetés, et dans lequel leurs vies ont été protégées.

«3° Au sujet des négociations pour des arrangements commerciaux, les Japonais ne peuvent admettre aucune relation de cette sorte, excepté dans le port de Nagasaki; pour cette raison, ils donnaient à Laxman pour le présent, simplement un certificat écrit, sur la production duquel un navire russe pourrait entrer dans ce port où se trouveraient des officiers japonais munis de pleins pouvoirs pour traiter plus amplement avec les Russes de la question».

«Ayant reçu cette déclaration, continue Golovnin, Laxman retourna à Okhotsk en automne 1793; de son récit, il parait que les Japonais traitèrent les Russes avec la plus grande civilité et courtoisie, leur témoignèrent toutes sortes d'honneurs conformes aux mœurs du pays, entretinrent à leurs propres frais les officiers et l'équipage pendant tout le temps qu'ils restèrent sur les côtes japonaises, les munirent à leur départ de toutes sortes de provisions, pour lesquelles ils refusèrent aucun paiement, et leur firent des présents variés. Laxman regrettait que par suite de l'exécution rigoureuse des lois, les Japonais ne voulurent jamais leur permettre d'aller librement dans la ville, mais les gardaient constamment. Je ne puis deviner, termine Golovnin, pourquoi l'Impératrice, immédiatement après le retour de Laxman, n'envoya pas un navire à Nagasaki; probablement, le commencement de la Révolution française qui, à cette époque, troublait la paix de l'Europe, lui fit négliger cette occasion».

La nouvelle mission russe fut celle du célèbre marin Adam Jean de Krusenstern [1]), montant la *Nadiejeda*, et accompagné de la *Neva*, commandée par Lisiansky, partie de Cronstadt le 26 Juin 1803. Ce n'est pas ici le lieu de raconter le voyage si intéressant de Krusenstern. Arrivé aux îles Sandwich, il se sépara de Lisiansky

Krusenstern. Resanov.

1) Né en Esthonie, en 1770; mort à Revel en 1846.

qui se dirigea vers l'Amérique russe, pendant que lui se rendait au Kamchatka. De ce dernier pays, Krusenstern gagna le Japon. Krusenstern avait avec lui le chambellan de Resanov qui devait servir d'ambassadeur, mais qui chercha vainement à entamer des négociations. Aucun vaisseau russe n'eut le droit de s'avancer désormais sur les côtes du Japon, et même, si par hasard, des Moscovites y échouaient, ils devaient être rapatriés de Nagasaki en Russie sur des vaisseaux hollandais, et les Japonais naufragés devaient être remis aux Hollandais qui les renverraient dans leur pays par voie de Batavia.

Resanov reçut le 4 Avril 1805 la réponse négative aux demandes formulées dans sa lettre de créance envoyée à Yedo. Krusenstern mettait à la voile le 18 Avril 1805. La mission de Resanov avait donc complètement échoué.

Le document que nous donnons aujourd'hui, avec presque toutes ses fautes, est le court récit de cette mission, fait dans son passage à l'île de France, par le hollandais E. van Lawick van Pabst, sur la demande du général Comte Decaen, capitaine-général et gouverneur en chef des Etablissements français à l'Est du Cap de Bonne Espérance. Il fait partie des papiers laissés par le célèbre général à la ville de Caen, dont il était originaire [1]).

A Son Excellence De Caen, Capitaine général et Gouverneur et Chef des Etablissements français à l'Est du Cap de Bonne-Espérance.

Mon Excellence!

Ayant été informé par Monsieur Monistrol, le commandant de la place, du désir que vous avez d'avoir quelques instructions sur

---

1) *Charles Mathieu Isidore*, comte Decaen, général français, né à Caen le 13 avril 1769; † à Ermont dans la vallée de Montmorency, le 9 sept. 1832; général de division en 1800; nommé en 1802 par le premier consul, capitaine-général des possessions françaises

la manière que l'Ambassadeur Russe 1) avait été reçu dans l'isle du Japon.

Je me ferois un vrai devoir de vous donner toutes les instructions qui s'est passé pendant mon séjour sur ces articles.

Le 2° de Novembre 1804 le vaisseau Russe 2) qui fut destiné, par son gouvernement, à quelque voyage important, soit pour des découvertes, ou pour pouvoir traiter avec les Japonais, aborda dans cette isle; lorsqu'il y parvint, les naturel du pays le signala par le télégraphe des pavillons, qu'un bâtiment abordait sur leur côte.

Très étonné de voir un pavillon qu'ils ne reconnoissaient pas pour celui des Hollandais avec lesquels ils traitent continuellement, de suite ils envoyèrent plusieurs petits bateaux, le tout bien armé, afin de savoir ce que vouloit ce bâtiment.

Lorsqu'ils virent que ce bâtiment cherchait à mouiller, aussitôt on lui ordonna de jeter son ancre à fond; ce qui fut exécuté dans le même instant; aussitôt il fut expédié un bateau pour avertir le gouverneur de *Nanga-Zacké* qu'un bâtiment de tout autre nation qu'un Hollandois étoit mouillé dans les isles; aussitôt le gouverneur ordonna d'armer un nombre de barques, ce qui fut exécuté sur le champ, et le bâtiment Russe fut gardé soigneusement afin de ne pas communiquer avec qui que ce soit; au même instant le gouverneur, expédia une commission d'un chef du pays, celui de la factorerie Hollandois 3), et moi qui fus prié d'aller à bord de ce batiment pour y traduire la langue et les demandes de ce batiment; il me fit connaître ses intentions et celles de son maître l'Empereur

---

à l'Est du Cap de Bonne Espérance, il partit de Brest avec l'amiral Linois, le 6 mars 1803; il fut le dernier gouverneur français de Maurice; il avait remplacé Magallon Lamorlière. R.-T. Farquhar fut le premier gouverneur anglais (1810).

1) Resanov.

2) La *Nadiejeda*, commandée par Krusenstern.

3) H. Doeff, successeur depuis 1804 de W. Wardenaar; le dernier résident hollandais à Deshima fut J. H. Donker Curtius, nommé en 1852.

de Russie qui avoit pour objet, de pouvoir obtenir un traité d'alliance, d'amitié et de commerce.

Je lui observois qu'auparavant de parler de cela, qu'il falloit qu'il se soumit aux usages des mœurs du pays, qui étoient de mettre exactement tout ses armes, poudre, boulets et balles à terre.

L'Ambassadeur Russe à mes observations me dit qu'il ne le pouvoit pas se soumettre à une pareille demande, vu qu'il représente son souverain Maitre Empereur de Russie; après beaucoup des sollicitations que je lui fit de se conformer aux usages du pays ou qu'il seroit contraint de repartir, il y consentit, sur la condition qu'il demandoit au gouverneur comme représentant l'Empereur de Russie qu'on lui permettrait de porter son épée ainsi que ses deux premiers officiers et les douze fusils pour sa garde d'honneur, ce qui fut accordé avec l'approbation du gouverneur; aussitôt le bâtiment fut remorqué par plusieurs bateaux du pays, pour le mettre dans un endroit qui lui fut destiné, et hors de toute communication.

Quelle fut ma surprise le lendemain de voir un nombre prodigieux de bateaux armés et plus de 20,000 hommes armés aussi, campés sur les montagnes afin d'empêcher les gens de ce batiment de descendre à terre dans le cas ou ils auraient eu l'intention de commettre quelques hostilités.

Les crédentials de l'Empereur de Russie furent aussitôt expédiées à la Cour à *Jedo* [1]) après bien des instances de les remettre à lui-même comme ne pouvant pas pénétrer dans le pays sans un ordre de la Cour, ce qui le contraignait à les remettre.

L'Ambassadeur se trouvant malade et obligé de pouvoir descendre à terre, demanda au gouverneur la permission de descendre, ce qui lui fut accordé; aussitôt on lui destina une petite isle qui n'était pas habitée, avec la permission d'y rester une heure; et gardé à vu.

---

1) Capitale du shogoun qui était alors Iye-nari kō (1787—1837); le mikado (l'empereur) résidait à Kyoto; c'était Kane-hito (Kōkaku Tennō) (1780—1816).

La veille de notre départ qui fut le 9e novembre, nous reçûmes ordre de ne pas parler ni communiquer en passant avec le batiment Russe; quelle fut notre surprise lorsque nous fûmes sous voile de voir les Russes nous souhaiter un bon voyage; — Aussitôt le vent vient contraire et nous oblige à mouiller, les naturel du pays qui avaient vu à bord du batiment Russe beaucoup de cris, c'est alors où les naturel du pays vinrent avec beaucoup d'embarquations nous entourer pour savoir ce que ce batiment nous avoient dit. Nous leur explicâmes que le batiment nous avoit souhaité en passant un bon voyage, aussitôt, comme le batiment étoit devant nous, pour nous oter tout soupçon qui pourrait avoir, il mène le batiment Russe entre les deux batteries nommés l'Empereur et l'Impératrice, quoique ces bastions ne sont autre chose que des palissades en terre sur lesquelles il y a des toiles clouées et peintes en forme d'embouchure de canon.

Voici tous les renseignements, mon Excellence, que je puis vous donner pendant mon séjour où je me trouve au Japon avec les bâtiments Russes.

Comptant partir samedi, voudriez-vous m'indiquer une heure où je pourrois avoir l'honneur d'aller vous présenter mon Respect et en même temps de me charger de vos paquets si vous en aviez.

J'ai l'honneur d'être avec le plus profond Respect,

Mon Excellence,

Votre très humble et très obéissant serviteur,

E. Van Lawick Van Pabst.

Isle de France, ce 2e de Janvier 1806. [1])

Puis viennent le voyage de Chwostov aux Kouriles et la captivité de Golovnin.

---

1) Ce mémoire a été inséré dans le *T'oung Pao*, Série II, Vol. I, N° 5, Déc. 1900, pp. 460—467.

Golovnin. En 1807, le sloop de guerre russe *Diana* avait été envoyé de Cronstadt pour explorer la côte orientale de l'Empire; en 1809, il était au Kamtchatka et en 1810 il se rendit sur la côte nord ouest d'Amérique. La *Diana*, commandée par Golovnin, reçut au Kamtchatka, l'ordre du Ministre de la Marine, de faire le levé des Kouriles méridionales, des îles Chantar et de la côte de Tartarie. Golovnin avait l'intention de ne pas entrer en relation avec les Japonais, mais il eut l'imprudence de débarquer dans le port de Kounachir où il fut retenu prisonnier (11 juillet 1811); la *Diana* remit à la voile pour la Sibérie avec le capitaine Rikord resté à bord; le 8 août, Golovnin avait été transféré dans une prison d'Hakodati et le 27 septembre il fut conduit à Matsoumaï dans l'île de Yeso; ce n'est que le 7 octobre 1813 que Rikord obtint la mise en liberté de son ancien chef[1]).

Phaeton, 1808. En 1808, la frégate anglaise Phaeton fit une courte apparition dans la baie de Nagasaki; une des lettres publiées plus loin fait allusion à cette malheureuse affaire.

Eliza, 1797. Le premier navire américain qui ait visité le Japon est l'*Eliza*, capitaine Stewart, affrêté en 1797 par la Compagnie des Indes Orientales néerlandaises pour faire la visite annuelle à leur comptoir de Deshima dans la baie de Nagasaki; les Hollandais étant en guerre avec l'Angleterre, d'autre part ne voulant pas perdre le fruit du voyage autorisé annuellement par les Japonais, avaient pris un navire neutre pour transporter leurs marchandises; après des pourparlers l'*Eliza* fut autorisée à pénétrer dans le port par les Japonais; les Hollandais eurent encore recours aux navires améri-

---

1) Narrative of my Captivity in Japan, during the years 1811, 1812 & 1813; with Observations on the Country and the People. By Captain Golownin, R. N. To which is added an Account of Voyages to the Coasts of Japan, and of Negociations with the Japanese, for the release of the Author and his Companions, by Captain Rikord. London: Henry Colburn, 1818, 2 vol. in-8. pp. iv—302, 348.

cains pendant la guerre, mais lorsque le capitaine Stewart voulut plus tard opérer pour son compte à Nagasaki, les Japonais s'y opposèrent et l'obligèrent à partir [1]).

En novembre 1818, W. Eddis à bord du brick *Brothers* visita les îles Licou k'icou; il jeta l'ancre le jeudi soir, 19 novembre à Napa, avec l'intention d'obtenir l'autorisation de faire le commerce; il fut bien accueilli, mais repartit le samedi après un séjour de quarante quatre heures sans avoir obtenu l'autorisation de débarquer [2]). *Brothers*, 1818.

En 1835, Edmund Roberts qui, au nom des Etats-Unis, avait signé des un traités le 20 mars 1833, avec le Siam, et un autre avec Mascate, fut chargé en 1835 par le Président, Général Jackson, de porter dans ces pays les ratifications de ces traités. Il était également porteur d'une lettre du Président en latin et en hollandais et de nombreux présents destinés au Japon; Roberts devait essayer d'ouvrir des négociations avec ce pays, mais sa mort prématurée à Macao en 1836 ne lui permit pas d'accomplir sa mission et l'escadre américaine rentra aux Etats-Unis sans pénétrer dans un port de l'Empire du Soleil Levant. Roberts, 1835.

En 1837, sept marins japonais naufragés sur les côtes de la Colombie britannique, recueillis par la Compagnie de la Baie de Hudson avaient été transportés à Macao pour qu'ils fussent rapatriés dans leur pays; dans ce but le 3 juillet 1837, le navire *Morrison*, capitaine D. Ingersoll, équipé aux frais de la maison américaine Olyphant & Co., mit à la voile et se rendit, ayant à bord des missionnaires comme Gützlaff, Peter Parker, S. Wells Williams, à la baie de Yedo où il fut reçu à coups de canon; le *Morrison* *Morrison*, 1837.

---

1) *American Diplomacy in the Orient* by John W. Foster. Boston and New York Houghton, Mifflin and Co., 1904, in-8.

2) Short Visit to Loo-choo in Nov. 1818. [in the brig *Brothers*]. By W. Eddis. (*Indo-Chinese Gleaner*, N° VII, Janvier 1819, pp. 1—4).

s'enfuit immédiatement, et après un effort non moins infructueux pour débarquer à Kagoshima, les Américains n'eurent pas d'autre alternative que celle de rentrer à Macao [1]).

Samarang, 1843. Le 2 novembre 1843, le navire de guerre *Samarang* [2]), commandé par le capitaine Sir E. Belcher, quitta Macao pour se rendre aux groupes des îles Batanes et Meijicoshima. Broughton avait fait naufrage dans ces îles.

Manhattan, 1845. Un autre essai fut fait par les Américains en 1845 avec le *Manhattan*, de Sag Harbor, Cap. Cooper, qui ayant trouvé dans une île déserte onze Japonais naufragés, les recueillit et résolut de les transporter à la baie de Yedo; Cooper fut bien reçu par les Japonais, mais il lui fut interdit de débarquer [3]).

Biddle, 1846. En 1845, M. Everett représentant des Etats-Unis en Chine, avait reçu des lettres de créance pour le Japon — et le commandant de l'escadre de la station des Indes Orientales avait l'ordre de s'assurer si les ports de ce pays étaient accessibles. Everett remit ses lettres de créance au Commodore Biddle qui mit à la voile de Macao avec deux vaisseaux, et jeta l'ancre dans la baie de Yedo, le 20 juillet 1846. A ses demandes, les Japonais répondirent que seulement à Nagasaki les étrangers pouvaient être reçus, qu'aucun traité ne serait signé avec les Etats-Unis, et que les vaisseaux devaient se retirer le plus rapidement possible et ne jamais revenir au Japon [4]).

---

1) Narrative of a Voyage of the Ship *Morrison*, Capt. Ingersoll, to Lewchew and Japan, in the months of July and August 1837. By S. Wells Williams. (*Chinese Rep.*, VI, 1837, pp. 209—229, 353—380).

2) Notes of a Visit of H. M. Ship *Samarang*, under Capt. Sir E. Belcher, C. B., to the Batanes and the Madjicosima groups, in 1843—44. (*Chinese Rep.*, XIII, 1844, pp. 150—163.)

3) Foster, *l. c.*, pp. 139—140.

4) Foster, p. 148.

Des matelots américains qui avaient échappé au naufrage des baleiniers *Lawrence* et *Lagoda* ayant été retenus prisonniers et maltraités par les Japonais, le commandant Glyn, commandant l'escadre, se rendit avec le *Preble* à Nagasaki, en 1849, pénétra dans le port intérieur et exigea que ses compatriotes lui fussent rendus. [1]) *Preble*, 1849.

Les Etats-Unis se décidèrent à envoyer une forte escadre pour demander d'une manière péremptoire qu'un meilleur traitement fut accordé aux marins américains qui se trouvaient obligés de chercher un refuge dans les ports japonais. Le Commodore Aulick fut désigné pour cette mission; des instructions lui furent données par M. Webster, et une lettre du Président à l'Empereur du Japon, datée du 10 juin 1851, lui fut remise; il partit en juillet, mais avant son arrivée en Chine, il était rappelé et remplacé par le Commodore Matthew Calbraith Perry qui mit à la voile de Norfolk le 24 novembre 1852 et le 8 juillet 1853 jetait l'ancre à Uraga; il laissait entre les mains des Japonais la lettre du Président et ses documents déclarant qu'il reviendrait au printemps suivant pour chercher la réponse de l'Empereur. [2]) Aulick. M. C. Perry, 1852—1854.

Si l'action des Américains en Extrême-Orient causait des inquiétudes à l'Angleterre et à la France, l'attitude des Russes n'inspirait pas moins de méfiance à ces deux pays. La question de l'Amour, tant au point de vue du fait qu'au point de vue diplomatique, avait été ouverte ou mieux soulevée sérieusement pour la première fois par Nicolas Nicolaievitch Mouraview, Gouverneur général de la Sibérie orientale. A la suite de ses représentations très-énergiques, le gouvernement chinois fut invité par une note en date du 16 juin 1853 à nommer des Plénipotentiaires pour trancher les questions pendantes depuis le traité de Nertchinsk (27 août 1689). En 1854, l'empereur Nicolas 1er, en autorisant Mouraview à orga- Mouraviev, 1853—1854.

1) Foster, p. 145.
2) Foster, pp. 146 seq.

niser une première expédition navale sur l'Amour, ajouta ces mots significatifs: «Mais surtout qu'il n'y ait pas la moindre odeur de poudre!» A la même époque, c'est-à-dire le 4 février 1854, le gouvernement chinois fut informé que Mouraviev était muni de pleins pouvoirs pour régler les affaires de délimitation; le 14 avril, le Gouverneur général de la Sibérie orientale faisait savoir à Pe-king le prochain départ d'une expédition qui devait descendre le fleuve Amour; le 18 mai 1854, la mission russe entra dans les eaux du grand fleuve; elle se composait du vapeur *Argoun* et de 75 barques diverses portant des vivres et des provisions pour les établissements russes des côtes de l'Océan Pacifique [1]). Depuis le traité de Nertchinsk, le fleuve était fermé à la navigation russe.

Poutiatine. D'autre part l'amiral Comte Euthyme POUTIATINE avait la mission indépendante de veiller dans les mers de Chine sur les mouvements des flottes française et anglaise.

Le 5 janvier 1854, notre Ministre des Affaires étrangères écrivait au Comte WALEWSKI à Londres, pour lui signaler l'activité des Russes et la nécessité pour les Français et les Anglais d'agir en Chine pour obtenir de nouveaux avantages:

Tandis que la Russie tient l'Europe en suspens par ses prétentions à dominer l'empire ottoman, elle ne néglige pas non plus les occasions d'étendre son influence dans l'Extrême-Orient et je trouve à ce sujet dans une correspondance de Chine dont j'ai l'honneur de vous envoyer çi-joint un extrait, des informations assez curieuses que je vous autorise à communiquer à Lord CLARENDON. Je vous dirai à ce propos, M. le Comte, que j'ai eu dernièrement à ce propos une conversation avec M. le Docteur BOWRING [2]) qui voudrait que la France, l'Angleterre et les Etats-Unis profitassent des embarras de la dynastie tartare pour obtenir au profit de leurs nationaux et de leurs représentants une position

---

1) Henri CORDIER. — *L'Expédition de Chine de* 1857—58, pp. 419—420.

2) Sir JOHN BOWRING, né à Exeter, 17 oct. 1792; mort dans cette ville, 23 nov. 1872; il avait été Plénipotentiaire d'avril 1852 à février 1853 pendant l'absence de Sir George BONHAM de Hongkong; il fut nommé Plénipotentiaire en 1854. — Voir Henri CORDIER *L'Expédition de Chine de* 1857—58.

meilleure notamment l'accès de la ville chinoise de Canton et l'exécution de l'article des traités qui confère à nos résidents le désir d'entretenir des rapports avec les autorités de 1e classe. Le Vice-Roi est absent de Canton depuis près de deux ans et les réclamations des étrangers transmises aujourd'hui à des agents subalternes, restent habituellement sans réponse; je désirerais savoir comment le Principal Secrétaire d'Etat envisage cet état de choses ainsi que les moyens d'y remédier.

D'autre part, le 7 janvier 1854, le Ministre des Affaires étrangères écrivait à M. de Bourboulon, ministre de France en Chine:

Je crois devoir vous transmettre l'extrait ci-joint d'une correspondance particulière dont il résulterait que la Russie a promis au Gouvernement tartare des secours efficaces en hommes et en munitions de guerre pour l'aider à étouffer l'insurrection. On ajoute que le gouvernement chinois n'aurait pas hésité à accepter cette intervention et qu'il aurait même consenti à l'acheter au prix de sacrifices considérables, tels, par exemple, que le droit concédé à la Russie d'élever des forteresses sur les rives du Saghalien. Je vous prie, Monsieur, autant que vous permettront de le faire les moyens d'information dont vous disposez, de suivre attentivement les projets attribués au Cabinet de St. Pétersbourg et de me tenir au courant des faits qui seraient de nature à nous éclairer sur les véritables intentions de cette cour et sur les progrès de son influence en Chine.

M. de Bourboulon répondait à cette lettre:

Macao, le 8 Mars 1854.

M. de Bourboulon à M. Drouyn de Lhuys.

Monsieur le Ministre.

J'ai reçu la dépêche que vous m'avez fait l'honneur de m'adresser sous la date du 7 janvier dernier, par laquelle V. E., en me transmettant un extrait d'une correspondance particulière annonçant que la Russie a promis au Gouvernement chinois des secours en hommes et en munitions de guerre pour l'aider à étouffer l'insurrection, etc. —, appelle mon attention sur ces projets attribués au cabinet russe, et m'invite à la tenir au courant de tous les faits qui seraient de nature à l'éclairer sur les intentions de ce Gouvernement et les progrès de son influence en Chine.

La seule information que je puisse, quant à présent, donner à V. E. à ce sujet, c'est qu'en effet le bruit s'est répandu ici, il y a quelques mois, que le Gouvernement russe avait offert ses secours à la Cour de Pe-king contre la Rébellion et qu'un nouveau traité avait été conclu par lequel la Russie avait obtenu, en échange de sa protection des avantages considérables. Mais cette nouvelle n'a été accompagnée ni suivie d'aucuns détails qui fussent de nature à lui donner de la consistance. Quant à la petite escadre russe composée en effet d'une frégate, deux corvettes et un aviso à vapeur, qui a fait, depuis six mois, diverses apparitions sur les côtes de la Chine, il ne parait pas jusqu'à présent qu'elle ait eu d'autre destination que de conclure à la suite, ou même, s'il était possible, *en avance* des Américains, un traité avec le Japon. L'Amiral POUTIATINE qui était d'abord arrivé à Hong-kong avec la frégate la *Pallas* et le petit steamer le *Vostock*, s'est rendu avec ce seul bâtiment à Canton, en quelque sorte comme simple visiteur et n'a échangé pendant les quelques jours qu'il y est resté qu'une seule communication écrite avec le Vice-Roi; et de même, lorsqu'après avoir fait un premier voyage au Japon, il est revenir à Chang-hai attendre le résultat de ses premières démarches (il s'y trouvait en même tems que moi dans le courant de novembre), il laissa sa frégate ainsi qu'une corvette le *Prince Mentchikoff* à l'embouchure du Yang-tseu-kiang et arriva presque incognito à Chang-hai sur le *Vostock*. Il n'est donc pas exact que les bâtiments de guerre russes « aient été accueillis avec enthousiasme par les mandarins, » et cela est si peu vrai que le Tao t'aï Wou écrivit à cette occasion au Consul anglais qu'il était arrivé un bâtiment à vapeur *qui s'était dit anglais*, mais que, comme on avait des raisons de supposer qu'il appartenait à la nation russe, qui avait le droit de commercer par terre mais *non par mer* avec la Chine, il le priait de lui faire connaître, s'il le savait, pour quel objet ce bâtiment était venu; ce à quoi le Consul Anglais répondit que le tao-t'ai ferait mieux de demander ces informations à l'officier commandant ce bâtiment.

Quoiqu'il en soit, M. le Ministre, on ne peut douter qu'il n'entre dans les projets du Gouvernement russe de chercher à asseoir et à augmenter le plus possible son influence en Chine, comme dans toute cette partie de l'Asie septentrionale qui touche à ses vastes possessions, et je ne suis pas éloigné de croire que sans les graves complications, dues à sa politique agressive, qui doivent absorber en ce moment toute son attention en Europe, il aurait mis à profit les circonstances critiques dans lesquelles se trouve l'Empire chinois pour y acquérir un ascendant décisif par une intervention effective en faveur de la dynastie tartare.....

Pour ce qui regarde le résultat de la négociation des Russes au Japon, il parait, d'après des renseignements particuliers que j'ai eus de Chang-hai que le succès de l'Amiral Poutiatine n'aurait pas été aussi complet qu'on l'avait d'abord supposé, et qu'au lieu d'un traité actuellement conclu, il en a seulement rapporté l'assurance que d'ici à un an les ports du Japon seront ouverts au commerce de toutes les nations.....

Le 6 mars 1854, le Ministre des Affaires étrangères écrivait à M. de Bourboulon, au sujet des Etats-Unis:

La tentative nouvelle que font les Américains du Nord pour établir des relations commerciales avec l'Empire du Japon n'a pas manqué d'appeler l'attention du gouvernement de S. M. Il a pensé qu'il y avait des chances sérieuses pour le succès de l'expédition américaine, et dans la prévision qu'un traité viendrait à être conclu entre les Etats-Unis et le Japon, il a décidé de vous donner les pleins pouvoirs nécessaires pour entrer à notre tour en négociation et conclure un traité analogue avec le gouvernement japonais. Vous trouverez donc çi-joint, M., les pouvoirs revêtus de la signature de S. M., et dans le cas où les circonstances vous paraîtraient favorables pour en faire usage, vous êtes dès à présent autorisé à vous rendre au Japon, après a voir pourvu à ce que le service de votre légation en Chine n'ait pas à souffrir de votre absence.

Quant aux stipulations qu'il y aurait à négocier avec le gouvernement japonais je me bornerai à vous indiquer quelques points principaux. Vous auriez d'abord à prendre pour base et pour point de départ le traité qui serait conclu par le plénipotentiaire américain et à réclamer pour nous-mêmes les avantages qui seraient concédés aux Etats-Unis. Dans tous les cas il me paraîtrait essentiel de stipuler la juridiction française en faveur des sujets français qui viendraient à s'établir ou à résider au Japon; de nous réserver pour l'avenir la participation à tous les avantages qui seraient accordés à d'autres nations; enfin d'assurer autant que possible à nos missionnaires la liberté de pénétrer et de s'établir dans le pays.

M. le docteur Bowring a reçu des pouvoirs et des instructions pour le même objet: l'intention de son gouvernement comme celle du gouvernement de l'Empereur est que vous vous prêterez un mutuel appui, et j'ai tout lieu de croire que vous trouverez également le plénipotentiaire américain tout disposé à seconder vos démarches auprès du gouvernement japonais.

Le Gouvernement de S. M. B. a cru devoir donner aussi au Docteur Bowring des pleins pouvoirs qui l'autorisent à entrer en négociation avec Siam, s'il trouve une occasion favorable. Je vous envoie également çi-joint les pouvoirs qui vous sont donnés par S. M. pour le même objet, et je me réserve de vous transmettre ultérieurement des instructions spéciales concernant nos relations avec le royaume de Siam.

Malgré l'opposition du prince de Mito et des ennemis des shogouns de la maison de Tokougawa, Perry, rentré le 12 février 1854, dans la baie de Yedo avec dix navires, le 31 mars 1854, signait avec le *bakoufou*, à Kanagawa, un traité comprenant douze articles dont le plus important stipulait pour les Américains l'ouverture des ports de Shimoda, dans la province d'Idzou, et d'Hakodate, dans l'île de Yeso. Ce traité, signé par le commodore Perry pour l'Amérique et par Hayashi, Dai-gaku-no-Kami, Ido, prince de

Traité des Etats-Unis 31 mars 1854.

TSOUSHIMA, IZA-WA, prince de MIMASAKA, et Udono, membre du ministère des Finances, pour le Japon, était ratifié en 1854 par le Président des Etats-Unis et les ratifications étaient échangées le 21 février 1855 à Shimoda.

On verra par la lettre suivante de notre Ministre en Chine que Perry s'était arrêté aux îles Lieou k'ieou dans l'intervalle de ses deux visites au Japon et que le bruit avait couru que les Etats-Unis avaient occupé ces îles.

M. de Bourboulon à M. Drouyn de Lhuys.

Macao, le 4 Avril 1854.

..... On assure que le Commodore Perry avant de quitter ces parages pour retourner au Sud après sa première visite au Japon, a pris formellement possession des îles Lou-tchou au nom de son Gouvernement, non toutefois à titre de possession définitive, mais comme une sorte de gage, en attendant que le Gouvernement du Japon eut satisfait aux justes demandes des Etats-Unis. C'est du moins ce que des officiers de la frégate russe la *Pallas* qui se trouvait, ainsi que l'amiral Poutiatine, dernièrement à Manille en même tems que le *Colbert*, ont rapporté à nos officiers: lorsque l'amiral russe s'est présenté avec ses bâtiments à Napakiang pour y relâcher en se dirigeant pour la seconde fois vers le Japon, il lui fut signifié, de la part du Commodore Perry, par le Commandant du *Plymouth* qui était resté préposé à la garde du nouvel établissement américain que le Commodore avait *pris possession* des Iles Lou-tchou jusqu'à ce que le Gouvernement japonais eut fait droit à ses demandes, sur quoi l'amiral russe crut devoir continuer sa route après s'être arrêté seulement pendant quelques heures à Napakiang.

Tout ce qui se rapporte aux mouvements des bâtiments de guerre russes ayant un intérêt particulier dans ce moment, je ne dois pas omettre de faire connaître à V. E. que l'amiral Poutiatine, avec la petite division sous ses ordres, la *Pallas*, la corvette *Prince Mentchikoff*, un transport et un petit bâtiment à vapeur, s'est présenté à Manille vers le 10 du mois dernier pendant que le *Colbert* s'y trouvait, y est resté dix ou douze jours, et en est reparti sans dire où il se dirigeait, ayant même eu soin de cacher autant que possible la direction qu'il comptait prendre, en sortant de la rade de Manille à la tombée de la nuit. Mais on suppose, d'après des lettres de change qu'il avait sur cette place, que son intention était de se rendre à Batavia 1).

1) Il ressort [de divers renseignements] que l'Amiral se proposait, en quittant Manille, de se diriger vers l'embouchure du Yang-tseu kiang, et d'envoyer le petit steamer dont il dispose à Chang-haï pour y chercher les nouvelles qui doivent décider de la paix ou de la guerre. Note de Bourboulon.

Du reste, s'il faut en croire certains détails qui m'ont été rapportés par le *Colbert* comme étant répandus dans le public à Manille et ayant même trouvé place dans les journaux, l'amiral russe n'aurait pas eu lieu d'être très-satisfait de l'accueil qu'il a reçu, et aurait d'ailleurs montré, dans ses rapports avec l'autorité espagnole, assez peu de discrétion. La chronique dit d'abord qu'à l'arrivée de la division russe à Manille, le nouveau Capitaine-Général des Philippines, général Pavia (Marquis de Novaliches) aurait fait savoir à l'Amiral que, d'après la position dans laquelle le cabinet de St. Pétersbourg se tenait à l'égard du Gouvernement de la Reine, il ne pouvait pas, en sa qualité de gouverneur d'une colonie espagnole, le recevoir comme amiral russe, mais le recevrait seulement que comme un particulier de distinction, et, en conséquence, quelques jours après, lui adressa une invitation à diner comme de particulier à particulier, à laquelle l'amiral Poutiatine se rendit. Cependant l'amiral russe, qui était venu à Manille, dans l'intention de réparer ses bâtiments, aurait malgré cet avertissement assez significatif, adressé au Général Pavia [1]) une demande qui ne tendait à rien moins qu'à obtenir la concession d'un emplacement spécial dans le port de Manille, où il aurait la faculté d'élever des constructions, *d'arborer le pavillon russe*, d'établir en un mot un dépôt pour l'usage de la marine russe. La seule réponse fut, dit-on, que «les bâtiments russes eussent à quitter le port de Manille dans les trois jours,» sur quoi l'Amiral ayant répondu qu'il n'avait pas de charbon, le général Pavia répliqua qu'il en avait à sa disposition, et qu'il le lui fournirait à bon compte. L'Amiral Poutiatine prit en effet le charbon qui lui était offert et appareilla avant l'expiration des trois jours. Comme je le disait plus haut à V. E., ce qui est relatif à la demande de l'Amiral russe se trouve rapporté dans un journal de Manille et sans doute avec l'assentiment de l'autorité; .....

La nouvelle de la signature du traité américain avec le Japon était arrivée à Hongkong le 2 avril et M. de Bourboulon annonçait cette nouvelle, d'ailleurs un peu prématurée, dans cette lettre adressée au Ministre des Affaires étrangères:

M. de Bourboulon à M. Drouyn de Lhuys.

Macao, le 7 avril 1854.

La frégate à vapeur la *Susquehannah* est arrivée, le 2 de ce mois, à Hong-kong, ayant quitté la baie de Yeddo le 24 mars, et a apporté l'importante nouvelle que le Commodore Perry avait réussi à conclure un traité avec l'Empire du Japon, par lequel deux des ports de ce pays doivent être ouverts dans un an au commerce américain. Le traité n'était pas encore signé au départ de la *Susquehannah*, mais devait l'être le 27, la signature ayant été différée

1) M. de Pavia, gouverneur capitaine-général en 1858; remplacé en 1854 par le Marquis de Novaliches après un interim de R. Montoro.

de quelques jours parce que le Commodore voulait attendre le retour de deux de ses bâtiments qu'il avait envoyés pour reconnaître si les deux ports, désignés par le Gouvernement japonais, offriraient de bonnes conditions avant d'insérer leurs noms dans le traité.

Quant à ce qui regarde les Russes qui, au dire des Japonais, s'en seraient allés sans avoir rien obtenu, et en annonçant seulement «qu'ils reviendraient dans un an,» voici ce que je tiens de M. Mac Lane, et cela n'admet guère de doute, étant fondé d'une part sur ce qui a été dit au Capitaine Buchanan de la *Susquehannah* par l'interprète du Gouvernement japonais, et de l'autre, sur ce que l'Amiral russe lui-même a dit à Manille au chef de la maison américaine Russell Sturgis, versions qui s'accordent à peu de chose près: c'est que l'amiral Poutiatine lorsqu'il est allé la première fois à Nangasaki, n'a pas demandé à conclure un traité, mais a seulement remis une lettre de son Gouvernement à l'Empereur du Japon, dans laquelle la Russie demandait que le Gouvernement japonais lui assignât immédiatement un port, où les navires russes pourraient se ravitailler et commercer. Lorsque l'Amiral Poutiatine retourna à Nangasaki, pour chercher la réponse, il lui fut remis, dans une entrevue solennelle, une lettre de l'Empereur du Japon pour l'Empereur de Russie, lettre que l'Amiral s'est cru autorisé à *décacheter*, et par laquelle la demande de la Russie était accordée dans les termes les plus gracieux, mais en ajournant à un an l'époque à laquelle le port serait ouvert, ce qui n'a pas satisfait l'Amiral Poutiatine qui s'était flatté d'obtenir, en *brusquant*, un résultat immédiat, et, trompé dans cet espoir, a témoigné à Manille, de même probablement qu'à Nangasaki beaucoup de mauvaise humeur contre les Japonais. Cela se rapporte parfaitement à ce que ceux-çi ont dit aux Américains, et notamment l'Interprète au Capitaine Buchanan: «que les Russes étaient partis très mécontents et devaient revenir dans un an».

M. Kleczkowski [1]) arrivé à Macao le 12 mai 1854 remit à M. de Bourboulon les nouveaux pleins pouvoirs que l'Empereur lui conférait pour négocier des traités avec l'Empire du Japon et avec le royaume de Siam: le traité avec le Japon ne devait être signé que le 9 octobre 1858 par le Baron Gros et le traité avec le Siam le 15 août 1856 par M. de Montigny [2]).

Le bruit avait couru que l'Amiral Poutiatine devançant le

1) Henri Cordier, *Relat. de la Chine*, I, p. 131 note.

2) Henri Cordier. — *La Politique coloniale de la France au début du second Empire Indo-Chine*, 1852—1858). Leide, 1911, in-8.

Commodore Perry avait signé un traité avec le Japon [1]); on voit qu'il n'en était rien.

M. de Bourboulon marquait d'ailleurs les raisons pour lesquelles il ne pourrait entamer immédiatement des négociations avec le Japon:

Macao, 19 mai 1854. M. de Bourboulon à M. Drouyn de Lhuys.

..... Je n'ai pu, au milieu de tous les sujets dont j'ai eu à m'entretenir avec Sir John Bowring, me bien rendre compte de l'époque à laquelle il avait l'intention de se diriger vers le Japon, et notamment s'il comptait s'y acheminer avant le retour du Commodore Perry. Mais il me semble, en premier lieu, que ce serait se priver d'un secours très-utile que de ne pas attendre, pour aller entamer des négociations avec le Gouvernement japonais, que l'on ait recueilli toutes les notions dont le retour du Commodore nous mettra sans doute en possession, et que l'on ait surtout pleine connaissance du traité qu'il a conclu. Ensuite, et sur ce second point, je dois prier V. E. d'excuser ma franchise — une négociation au Japon en commun avec les Anglais, ou du moins simultanée, dans le cas où l'arrivée à *tems* de plusieurs bâtiments français permettrait de m'adjoindre à l'expédition anglaise, me parait de nature à soulever une foule de difficultés: dans le cas, de beaucoup le plus probable, où je devrais coopérer avec deux ou au plus trois bâtiments de guerre, c'est-à-dire avec un appareil de force très inférieur à celui des Anglais. Cette *infériorité*, aux yeux d'un gouvernement comme celui du Japon, nous placerait tout d'abord dans une position des plus désavantageuses; nous semblerions avoir craint de nous présenter seuls, et d'avoir eu besoin de la protection d'une nation plus puissante à l'égard de laquelle nous serions placés (comme plusieurs petits états à l'égard du Japon) dans une sorte de vasselage. Si, d'un autre côté, nous pouvions nous présenter avec des forces à peu près égales, alors naitraient infailliblement, malgré l'entente la plus cordiale, de petites rivalités, des questions de priorité et de préséance, et le Gouvernement japonais lui-même, qui, tout en reconnaissant que le tems est venû de faire des concessions, se montre si jaloux de ne pas paraître céder à la contrainte, en présence de cette double pression serait probablement moins bien disposé, alléguerait non sans raison, la difficulté de négocier deux traités à la fois avec deux nations différentes, et nous placerait peut-être dans l'embarassante position, d'avoir à décider *entre nous*, laquelle des deux devrait céder le pas à l'autre.

Enfin, Monsieur le Ministre, soit que nous entreprenions la négociation du traité dont il s'agit de concert avec les Anglais ou séparément, il est deux choses qui me paraissent indispensables pour assurer le bon succès de cette

1) Lettre de Bourboulon, Macao, 22 février 1854.

négociation et auxquelles les pouvoirs que V. E. m'a transmis dernièrement ne sauraient suppléer d'après l'exemple du Gouvernement des Etats-Unis, comme d'après les dispositions manifestées en dernier lieu par le gouvernement japonais (suivant les rapports du *Susquehannah*) à entrer également en rapport avec d'autres nations, à la condition qu'elles lui en témoigneront le désir par des *démarches amicales*, je crois que le moyen le plus efficace d'assurer à nos demandes un accueil favorable, serait avant tout une lettre de S. M. l'Empereur à l'Empereur du Japon qui serait envoyée, suivant l'usage de ces pays, dans une boite richement ornée, et à laquelle je joindrais, d'après la copie en français que V. E. voudrait bien m'adresser, une traduction en chinois. L'autre point sur lequel V. E. voudra bien me permettre également d'insister, est l'envoi de quelques présents destinés soit à l'Empereur du Japon, soit à quelques principaux personnages. A cet égard, je crois devoir joindre ici, à titre de renseignements et d'indications, la liste des présents qui ont été envoyés par le Gouvernement des États-Unis et remis par le Commodore Perry: et à cette occasion je vous demande encore la permission d'ajouter, M. le Ministre, qu'en cas de négociation d'un nouveau traité avec l'Empire chinois, il serait également nécessaire ici que je puisse disposer de quelques présents. En terminant ces observations que je vous soumets à la hâte, je vous prie d'ailleurs, de vouloir bien remarquer, M. le Ministre, que les objections que j'ai pris la liberté de vous présenter contre *l'action commune* dans l'affaire du Japon ne s'appliquent en aucune façon aux affaires de la Chine, dans lesquelles je suis persuadé, au contraire, que le concert le plus intime entre les représentants des diverses Puissances ne peut avoir que les meilleurs résultats.

Cependant la nouvelle de la guerre avec la Russie arrivait à Hong-kong à la fin de mai 1854; l'intimité des relations de la France et de l'Angleterre augmentait.

Des dispositions ayant été prises par la France de concert avec le Cabinet de Londres pour donner suite aux négociations avec le Japon, le Ministre des Affaires étrangères adressait à M. de Bourboulon un supplément d'instructions.

Le Ministre des Affaires étrangères à M. de Bourboulon.

Paris, le 8 juin 1854.

Monsieur, Aussitôt après avoir appris par votre dépêche du 7 avril le succès des négociations entamées avec le Japon au nom du Gouvernement des Etats-Unis, j'ai fait inviter le Cabinet de Londres à se joindre à nous pour assurer sans délai au commerce des deux nations les avantages que le pavillon Américain vient d'obtenir dans des contrées qui sont restées si longtemps inacessibles à l'esprit d'entreprise des grandes puissances maritimes. La réponse de l'Angleterre à cette proposition a été telle que permettait de l'espérer l'union des deux Gouvernements, et je m'empresse en conséquence, M., de vous rappeler mes instructions récentes qui vous ont autorisé à vous entendre avec le Plénipotentiaire de S. M. B. en Chine pour établir avec le Japon les rapports de commerce et d'amitié destinés à faire entrer ce pays dans le mouvement général des affaires du Monde.

Ne connaissant pas plus que nous les détails et les termes de l'arrangement conclu à Yeddo par le Commodore Perry, mais supposant d'après les informations transmises par Sir George Bonham, qu'il se rapproche sensiblement des traités existans avec la Chine, comme l'indique en effet l'analogie des circonstances locales, le Cabinet de Londres parait devoir s'en remettre à la prudence de Sir John Bowring assistée par les intérêts que touche l'ouverture de relations commerciales avec le Japon, pour la rédaction des stipulations convenables, et je n'hésite pas à vous donner le même témoignage de confiance. Il est permis de croire d'ailleurs qu'on n'obtiendra pas beaucoup plus que les Américains eux-mêmes n'ont demandé et obtenu, et il ne faut pas perdre de vue, surtout en ce qui nous concerne particulièrement, que tout est à créer par notre commerce et par l'établissement de nos nationaux sur les points où les étrangers seront admis à résider. Néanmoins comme il ne serait pas de notre dignité que les traités de la France et de l'Angleterre fussent absolument calqués sur celui des Etats-Unis, vous aviserez de concert avec Sir John Bowring à introduire dans ces arrangements les modifications dont ils vous paraîtront susceptibles. Notre traité de 1844 avec la Chine ayant été meilleur et plus complet que ceux de l'Angleterre et des Etats-Unis, il ne sera peut-être pas impossible d'améliorer aussi dans quelques détails plus ou moins importans, la position que l'arrangement dont la négociation vous est confiée doit assurer à nos résidens et à notre commerce dans les ports japonais, et les Américains le verraient probablement sans peine puisqu'ils seraient immédiatement appelés à en profiter.

Le point le plus délicat dans cette affaire est sans doute celui de la religion et nous n'en sommes même pas aux conjectures sur l'opiniâtre jalousie avec laquelle le gouvernement japonais s'attachera à exclure toute tentative de prosélytisme chrétien dans ses états. Assurément nous n'avons pas, au début de nos rapports avec ce pays, à combattre de front cette intolérance qui s'est manifestée autrefois par des persécutions impitoyables, vous devez donc bien vous garder de tout ce qui pourrait à cet égard inspirer des sentiments de défiance. L'intérêt bien entendu des missions ne l'exige pas moins que la saine politique et l'équité. Mais au moins vous éviterez, autant que possible, tout engagement direct et positif qui serait de nature à compromettre l'avenir, et en général vous travaillerez à réserver la possibilité d'une revision du traité, après un certain temps d'expérience, mais sans toucher au principe de la grande innovation dont le Cabinet de Washington aura eu le premier honneur.

Je vais m'entendre avec le Département de la Marine pour que le pavillon de la France, déjà connu non à Yeddo, mais à Nangasaki, où il a été représenté en 1846 par une force plus imposante que ne l'était celle des Etats-Unis à Yeddo dans la même année ne reparaisse pas avec un Plénipotentiaire français devant la principale ville du Japon dans des conditions qui ne fissent pas suffisamment apprécier aux Japonais la puissance de notre pays et qui laissent trop d'avantage dans leur esprit à la marine américaine. C'est aussi la pensée du gouvernement anglais en ce qui le concerne. On croit à Londres que les instructions de Sir John Bowring et les vôtres du 6 mars dont j'avais fait donner connaissance à Lord Clarendon, vous auront paru à tous deux suffisantes pour vous autoriser à vous transporter immédiatement au Japon, à l'effet d'y traiter au nom des deux Gouvernements sur les bases de la convention obtenue par les Etats-Unis. Vous en aurez décidé selon les facilités que vous aurez eues pour vous rendre à Yeddo convenablement accompagnés, et peut-être aussi selon les évènements de la Chine. Mais si cette dépêche vous trouve encore à Macao ou à Shanghai, vous y verrez avec quelques indications générales, auxquelles votre bon esprit aura pu suppléer, une nouvelle invitation à ne rien négliger pour établir le plus promptement possible nos rapports avec le Gouvernement japonais.

Le 3 août 1854, M. de Bourboulon écrivait de Macao au Ministre des Affaires étrangères:

«V. E. aura déjà vu par ma dépêche du 19 mai que je ne m'étais pas trouvé en mesure d'accepter l'offre qui m'avait été faite par Sir John Bowring et l'Amiral Stirling au moment de leur départ pour le nord vers la fin de mai dernier, de me transporter à Chang-haï et de m'adjoindre à eux dans la mission qu'ils étaient chargés de remplir au Japon. Il est à présumer qu'une fois arrivé à Chang-hai, le Ministre anglais y aura trouvé suffisamment d'occupation dans les affaires de la Chine, particulièrement dans celles fort compliquées de cette localité, et que Sir James Stirling de son côté, dans l'incertitude et l'inquiétude où l'on était sur les mouvements de la division russe, n'aura pas cru devoir éloigner ses forces des côtes de la Chine. Toujours est-il que, dans tout ce qu'on a appris des faits et gestes des agents britanniques pendant leur séjour au nord, il ne parait pas qu'ils aient eu le loisir de songer à donner suite, quant à présent, au projet d'une expédition au Japon.....

Ainsi, quoique les Anglais eussent ici des forces navales assez nombreuses, ils ont rencontré de leur côté, dans les circonstances actuelles des obstacles qui les ont obligés à remettre à une autre époque l'établissement de leurs rapports avec le Gouvernement japonais. En supposant même que la croisière que les deux Amiraux vont entreprendre ne soit pas de longue durée, une expédition au Japon, se trouve maintenant forcément ajournée par l'état avancé de la saison jusqu'au commencement de l'année prochaine, et permettez-moi de le dire, dans ce retard il y a tout avantage, pour nous du moins, puisque nous n'étions pas en mesure d'opérer convenablement cette année, tandis que avec les renforts de la frégate la *Sibylle* et de la corvette à vapeur le d'*Assas* qui sont annoncés plus ou moins prochainement à l'amiral Laguerre, peut-être aussi celui de la *Constantine* dont nous pouvons espérer le retour d'ici là, nous aurons, suivant toute probabilité, une force assez respectable pour pouvoir nous présenter au Japon à cette époque sans comparaison désavantageuse.....

Il est un point surtout sur lequel je m'estimerais heureux que V. E. voulut bien me faire connaître formellement ses intentions, c'est celui de savoir si, dans cette affaire du Japon, je dois m'abstenir d'une manière absolue, à n'opérer et à ne négocier que simultanément et de concert avec les Anglais, ou si je pourrais, suivant les circonstances et l'exemple de la faculté qui me parait avoir été laissée au Plénipotentiaire anglais, agir séparément pour notre compte. Je me hâte d'ajouter que je n'entendrais user de cette faculté qu'autant que l'occasion m'en serait offerte d'une manière plausible, et que cette action isolée ne blesserait en rien les rapports de parfaite union qui existent entre les deux Gouvernements. En même tems, je crois de mon devoir de soumettre de nouveau à la considération de V. E. l'opinion que j'ai déjà pris la liberté de lui exprimer au sujet d'une entreprise commune au Japon. Or, aux inconvénients que je lui avais signalés dans la dépêche à laquelle je me réfère, inconvénients qui devaient naître de la complication d'une négociation à deux et étaient en quelque sorte inhérents à ce mode, je crois qu'il s'en joindrait d'autres d'une nature plus grave et capables d'exercer l'influence la plus fâcheuse sur les rapports que nous nous proposons d'établir. Il me suffira de rappeler brièvement que depuis la cessation des rapports commerciaux de l'Angleterre avec le Japon, il y a environ deux siècles et demi, le pavillon de cette nation y a été toujours plus mal accueilli que celui d'aucune autre, à l'exception du Portugal (en raison sans doute de l'alliance que les Japonais supposaient avoir été conclue entre les deux pays par le mariage de Charles II avec une princesse de Bragance) et qu'en 1808, ces préventions reçurent un nouvel aliment par l'acte inconsidéré du Capitaine Fleetwood Pellew commandant la frégate le *Phaeton* qui pénétra dans la rade de Nagasaki à la faveur du pavillon hollandais, fraude qui eut pour résultat de causer le suicide du Gouverneur de Nagasaki et de cinq commandants de la garde impériale. N'est-il pas à craindre, d'après ces antécédents, qu'en nous présentant au Japon en compagnie des Anglais, nous n'y trouvions des dispositions moins favorables que si nous y paraissions seuls, que les anciennes préventions qui existent contre cette nation ne déteignent, en quelque sorte sur nous et qu'en un mot nos intérêts, nos futurs rapports ne se trouvent compromis dans une association onéreuse?

Le Commodore Perry est arrivé à Hong-kong, il y a environ une semaine, sur le *Mississipi*, ayant terminé toutes ses opérations au Japon, et se disposant à retourner prochainement aux Etats-Unis par la voie de «l'Overland.»

Le Ministre des Affaires étrangères écrivait à M. de Bourboulon le 7 octobre 1854, pour approuver sa conduite:

Je n'ai qu'à vous approuver, M., d'avoir répondu ainsi que vous l'avez fait à l'offre de M. Bowring de vous conduire au Japon sur un bâtiment de la marine anglaise. Il est évident que vous ne pouvez vous présenter dans ce pays que sous notre pavillon national et accompagné autant que possible d'une force navale assez respectable pour donner aux Japonais une juste idée de notre puissance. Vous me demandez, M., si vous devez vous astreindre d'une manière absolue à ne négocier que de concert et simultanément avec les Anglais: vos instructions n'impliquent nullement une pareille solidarité. Il est dans les intentions du Gouvernement de l'Empereur comme dans celles de S. M. Bque que leurs Envoyés en Chine conservent entre eux la meilleure entente et se prêtent un mutuel appui, mais il est bien entendu que chacun garde l'initiative et sa liberté d'action. Peut-être même, d'après les renseignemens qui vous sont parvenus sur les sentiments hostiles qui existent de longue date au Japon envers les Anglais, serait-il préférable que la mission française entrât la première en relations avec le Gouvernement japonais; cette marche serait dans l'intérêt même de la négociation du ministre anglais, et je vous laisse le soin de vous entendre à ce sujet avec votre collègue.

Du reste, votre départ pour le Japon est naturellement subordonné aux opérations militaires que les deux amiraux étaient autorisés à entreprendre de concert, contre les possessions ou les forces russes, et l'expédition qu'ils vont faire dans le Nord devra retarder l'accomplissement de votre mission. Puisque vous pensez que des cadeaux offerts au gouvernement japonais pourront faciliter le succès de vos démarches, je tâcherai de vous adresser, en tems utile, pour cette destination, quelques uns des plus beaux spécimens de notre industrie.

Traités divers. L'Amiral James Stirling signait à Nagasaki le 14 octobre 1854 une convention en sept articles par laquelle les ports de Nagasaki (Hizen) et d'Hakodate (Matsoumai) étaient ouverts aux Anglais. Enfin l'Amiral Poutiatine à son tour signait un traité en 9 articles à Shimoda le 7 février 1855. Les Japonais, comme plus tard les Coréens, étaient désireux d'entamer des négociations avec d'autres nations pour pouvoir les opposer les unes aux autres, aussi en mai 1855, offrirent-ils au commandant de la corvette *Constantine*, le capitaine de vaisseau TARDY de MONTRAVEL qui avait quitté Rochefort au commencement de 1853 pour prendre la station des mers de la Chine et du Japon, de signer un traité; cet officier n'avait malheureusement pas les pouvoirs nécessaires. Voici sa correspondance:

I.

30 Mai 1855, la *Constantine*, à Nagasaki.

A Son Excellence le Gouverneur de Nagasaki.

Le Soussigné a l'honneur d'exprimer à V. E. tout le regret qu'il éprouve de ce que le Gouvernement de S. M. l'Empereur du Japon, n'ait pas cru devoir accéder à la demande qu'il vous avait adressée.

Il regrette de ne pas avoir les pouvoirs de consacrer par un traité, comme V. E. le désirait, l'admission des bâtiments français dans les ports de Nagasaki et d'Hakodadi.

Le Soussigné ayant informé V. E., dès son arrivée à Nagasaki qu'il n'avait aucun pouvoir pour traiter, espère fermement que les offres obligeantes que vous avez bien voulu lui faire pour le vapeur le *Colbert*, qu'il est dans l'obligation de laisser dans ce port, ne continueront pas moins d'exister et que ce navire trouvera près de V. E. tous les secours nécessaires pour reprendre la mer.

Je pars convaincu que V. E. aura pour le *Colbert* toute la bienveillance qu'il m'a témoignée durant mon séjour à Nagasaki.

Le capitaine de vaisseau, Commandant la subdivision de l'Indo-Chine.

(sig.) L. TARDY de MONTRAVEL.

II.

A bord de la *Constantine*, au mouillage de la baie d'Aniwa, Ile Saghalien, le 8 juillet 1855.

Monsieur le Ministre.

J'ai eu l'honneur de rendre compte à V. E. par mon rapport du 30 mai dernier, des incidents qui avaient marqué mon séjour à Nagasaki jusqu'à cette date, du fatal échouage du *Colbert* et des mesures que j'avais prises pour réparer ce navire, en même temps que du parti que j'avais cru devoir prendre, d'utiliser une partie de son équipage pour renforcer celui de la frégate la *Sybille*.

Ce jour là même, 30 mai, le *Singapour* mettait à la voile pour Chang-Haï et la *Constantine* suivie de la *Sybille* quittait la rade de Nangasaki pour prendre le mouillage extérieur, d'où le premier vent permettrait d'appareiller pour se rendre à Hakodadi où l'amiral Stirling m'avait donné rendez-vous. Nous étions à peine mouillés dans la baie extérieure que des officiers japonais vinrent à bord pour me renouveler la prière de remettre encore mon départ, le gouverneur désirant vivement conférer avec moi sur le contenu d'une lettre de l'Empereur du Japon au sujet de l'ouverture des ports de Nagasaki et d'Hakodadi aux bâtiments français.

Sur ma réponse que je ne pouvais dans les circonstances actuelles et après le retard que le *Colbert* m'avait fait éprouver retarder mon départ d'un jour, mais que je consentirais à le remettre de quelques heures si le gouverneur voulait me recevoir le lendemain à 4 h. du matin, ils acceptèrent cette proposition au nom du Gouverneur, et ajoutèrent qu'ils étaient chargés par lui de s'entendre préalablement avec moi sur le but de notre entrevue. L'un d'eux me dit alors que l'Empereur du Japon avait décidé que les deux ports de Nagasaki et d'Hakodadi seraient ouverts aux bâtiments français aux mêmes conditions qu'ils l'avaient été aux navires anglais, et ce disant il me présenta une copie du traité fait sur ce point l'année précédente par l'Amiral Anglais. Le but de l'entrevue désirée par le Gouverneur était, ajouta-il, la signature d'une convention identique.

Je le chargeai de répondre au Gouverneur que n'étant muni de pouvoirs pour conclure aucun traité ainsi que je l'en avais prévenu dès mon arrivée, je regrettais que le Gouvernement japonais n'ait pas cru devoir ouvrir ses ports aux bâtiments sous mes ordres sans la signature d'un traité que je n'étais pas en droit de négocier et que tout ce que je pouvais faire était de soumettre ses propositions au Gouvernement de Sa Majesté.

J'ajoutai que si l'entrevue que le Gouverneur désirait n'avait pas d'autre but que la signature de ce traité, mon incapacité à acquiescer à son désir la rendait inutile et apporterait un retard fâcheux à mon départ.

Les mêmes officiers revinrent à bord dans la nuit même, me rapportant la réponse du Gouverneur à ma communication verbale précédente. Il regrettait que je n'eusse pas de pouvoirs pour traiter comme l'avait fait l'amiral anglais. Quant à l'envoi en France de son projet de traité, il préférait qu'il n'eut pas lieu, se réservant de le soumettre à l'approbation du Plénipotentiaire désigné par le Gouvernement français et qu'enfin ne voulant pas me retenir plus longtemps pour une entrevue qui n'avait plus de but, il y renonçait.

La démarche tentée par le Gouverneur de Nagasaki auprès de moi me donne à penser que le Gouvernement japonais s'était proposé de se faire une arme de mon acquiescement au traité fait par l'amiral anglais l'année dernière, traité qui je crois n'a pas été approuvé dans toutes ses parties. Le Gouverneur espérait sans doute m'amener par un accueil insolite à composer plus facilement et il m'a prouvé par son insistance combien il attachait de prix à obtenir de moi cet appui moral contre les démarches récentes de modifications faites par l'amiral Stirling.

Le piége m'est heureusement apparu malgré les subtiles manoeuvres de ceux qui me le tendaient, et je m'estime heureux d'avoir réussi à l'éviter sans altérer en rien mes relations amicales avec les Japonais.

(Sig.) TARDY de MONTRAVEL.

Le pavillon français avait d'ailleurs paru déjà dans les ports japonais: le 18 juillet 1847, l'amiral CÉCILLE partit de Port Melville et mouilla à Nagasaki le 28 du même mois; il accueillit avec politesse les fonctionnaires japonais qui lui firent visite pendant son bref séjour.

La lettre suivante montre bien le désir qu'avait le Japon de nous témoigner sa sympathie; le contre-amiral GUÉRIN commandait la division navale des mers de Chine:

En rade d'Hakodadi (Japon), le 7 août 1855.

Extrait du Rapport du Contre-Amiral Guérin à S. E. le Ministre de la Marine.

V. E. jugera de la nature de mes relations avec le Japon, par la conduite, à mon égard, et à celui de la *Sybille*, du gouverneur de Hakodadi, le seul des grands officiers japonais que j'ai vu depuis mon arrivée dans ces mers. Elle y reconnaître sans doute une grande bienveillance envers notre pays, bienveillance inspirée autant par la sympathie, que dictée par la crainte qu' excite l'ambition des Russes et le besoin que le Gouv[t]. de Yedo a de notre secours contre ses ambitieux et redoutables voisins.

La *Sybille*, envahie par le scorbut, arrive à Hakodadi, 150 des hommes de son équipage ont besoin de vivres frais et d'un long séjour à terre pour ne pas succomber à la maladie qui les accable. Le Commandant de MAISONNEUVE demande à voir le Gouverneur. Le Gouverneur de Hakodadi, haut personnage de l'Empire, officier de 3e classe, imbu de toutes les tendances, de tous les préjugés de l'antique politique japonaise, politique d'exclusion hautaine envers les étrangers, accepte la visite de M. de Maisonneuve, comprend les nécessités de sa position, assigne à ses malades, comme hopital, une pagode située dans une des positions les plus salubres et les plus aërées de la ville, laisse son équipage descendre librement à terre, agit en un mot comme le représentant d'une puissance européenne la plus bienveillante envers la France; et cela quand il pouvait, quand il aurait dû même, pour obéir aux lois de son pays, refuser tout secours, toute communication en se retranchant derrière ce prétexte plausible, en tout autre temps, qu'aucun traité n'avait été conclu entre la France et le Japon.

Dès mon arrivée à Hakodadi, des officiers japonais suivis d'un interprète se présentèrent à bord pour s'informer du motif qui m'amenait dans leur pays. Je leur fis répondre que je commandais les forces françaises envoyées pour combattre les Russes, que c'était mon seul but actuel et que j'aurais d'ailleurs le plaisir d'aller bientôt voir moi-même le Gouverneur de la ville. Sachant que la France doit envoyer un ambassadeur à la Cour de Yedo, le Gouverneur de Hakodadi pensa sans doute que je n'avais pas voulu faire connaître le but véritable de mon arrivée aux officiers qui s'étaient présentés d'abord. Il m'envoya donc le lendemain son premier lieutenant, officier d'un rang très élevé pour me faire connaître que l'absence de traité entre nos deux nations ne lui permettait point de me recevoir, mais que cependant il était prêt à le faire, si j'étais chargé de communications officielles de la part de mon souverain. La coutume française, répondis-je, est de visiter le Gouverneur des villes où relâchent les navires de guerre, mon désir de voir le Gouverneur d'Hakodadi était dicté par cette loi de politesse. Puisque la coutume japonaise n'est pas de recevoir de visites de ce genre, quand nul traité ne lie les deux nations, je renonce avec regret à cette coutume. Plus tard, ajoutai-je, j'aurai l'honneur de conduire à Yedo même, l'Ambassadeur de l'Empereur des Français auprès de la Cour Impériale du Japon. Ces mots d'ambassadeur, de Yedo, retentirent vivement aux oreilles de l'officier japonais. Vous irez à Yedo et pourquoi pas à Nagasaki, me demanda-t-il, après un instant de réflexion profonde. C'est que la France marche l'égale des plus grands empires, que ce qu' obtient une nation quelconque, elle doit l'obtenir. Les Américains ont traité à Yedo, la France doit y traiter aussi. L'officier japonais me quitta en m'exprimant encore les profonds regrets du Gouverneur de ne pouvoir accepter ma visite, mais j'étais convaincu que dès qu'on lui aurait rendu compte des paroles que j'avais prononcées, il se hâterait de changer d'avis.

J'étais heureux, M. le Ministre, de cette conviction qui se réalisa d'ailleurs le lendemain, car je désirais voir moi-même ce haut fonctionnaire pour traiter certains points importants relatifs aux malades de la *Sybille*. Cette frégate en effet comptait encore près de 100 malades dont 30 au moins étaient incapables de reprendre la mer. Désireux de partir le plus tôt possible avec la *Sybille* et la *Virginie*, regardant mon départ comme un impérieux devoir, je voulais concilier ce devoir avec le désir d'assurer la santé de mes équipages. Le seul moyen d'y parvenir était de laisser à Hakodadi sous la garde d'un aspirant et aux soins d'un chirurgien les malades dont le rétablissement exigeait le séjour de la terre, mais les difficultés élevées par les autorités japonaises par suite du manque de traité me faisaient croire que je n'obtiendrais une telle condescendance qu'en parlant moi-même au Gouverneur. Aussi lorsque le lendemain de l'entrevue dont je vous ai raconté les principaux incidents, le même officier vint m'annoncer que le Gouverneur désirait me voir, et me demande d'une façon très courtoise si j'irai et avec combien d'officiers, ce fut avec une vive satisfaction intérieure, que je lui annonçai que j'acceptais pour le lendemain et que j'irais accompagné de dix officiers.

Je me suis étendu sur le détail de ces premières relations que parce qu'elles caractérisent le système de restriction auquel obéissent encore les autorités japonaises, malgré les traités conclus avec les Etats-Unis et la Grande Bretagne. Ma visite au Gouverneur a produit les résultats que j'en attendais. Les malades de ma division, 30 hommes avec un aspirant de 1ère classe et un chirurgien resteront à Hakodadi pendant la croisière que je vais entreprendre. V. E. regardera sans doute cette faveur accordée à une nation étrangère, qu'aucun traité ne protége au Japon comme une des preuves les plus concluantes de l'esprit de bienveillance qui dirige envers la France la conduite des autorités japonaises, jadis si hautaines et si arrogantes envers les étrangers.

Les motifs de cette conduite sont d'ailleurs faciles à apprécier. Placés entre la Chine dont la vieille Constitution s'écroule de toutes parts et qu'envahissent à pas de géants les Barbares de l'Ouest, comme s'appelaient encore naguère les Européens et les possessions russes de l'Asie orientale où le tsar a réuni une armée de 30.000 hommes dans un but facile à prévoir, et que la politique soupçonneuse du Japon a facilement découvert, le Shogoun et ses Conseillers ont dû réfléchir au double danger qui les menace. Entre toutes les nations européennes, celle qui devait se montrer à leurs yeux la plus désintéressée et la plus loyale, est la France, dont ils connaissent l'histoire, dont ils comprennent la politique dans la lutte actuelle et qu'ils ne redoutent que parce qu'elle représente dans le monde le principe catholique. Mais ce danger tout moral doit moins les effrayer que l'esprit envahissant des marchands anglais et américains, que l'ambition persévérante de la Russie. De là cette bienveillance dont je vous parlais et ce désir extrême de voir un traité se conclure entre les deux Empires.

Ces raisons générales ont encore été fortifiées par l'excellente conduite de nos équipages, dans toutes les occasions où les besoins du service ont appelé nos hommes à terre, par les excellentes relations que nos officiers ont toujours su entretenir avec les habitants d'Hakodadi, relations pleines de convenance dans lesquelles la dignité de leur grade, leur propre respect, celui des coutumes japonaises se sont toujours confondus et ont inspiré la plus vive sympathie aux classes si diverses de cette société aristocratique.

Ce fut à la fin de cette année, le 17 décembre 1855, que le Contre-Amiral Guérin signa une convention avec les îles Lieou k'ieou [1]).

Cependant les Etrangers ne restaient pas inactifs au Japon: le nouvel envoyé américain, le général Townsend HARRIS, profitant Traités divers

1) *Les Français aux îles Lieou k'ieou*, par M. Henri CORDIER. Paris, 1911, br. in-8.

des victoires franco-anglaises en Chine, signait à Yedo, le 29 juillet 1858, un nouveau traité[1]), par lequel Kanagawa était ouvert au commerce étranger, et les Etats-Unis autorisés à établir un agent diplomatique à Yedo. Un autre traité fut signé par le Japon avec la Hollande, le 18 août 1858; cette puissance avait signé un premier traité le 30 janvier 1856 et un traité supplémentaire le 16 octobre 1857; la Russie signa un traité supplémentaire à Nagasaki le 24 octobre 1857 et un traité à Yedo le 7 août 1858; enfin Lord Elgin qui a conclu avec la Chine le traité de T'ien tsin le 26 juin 1858, se rend au Japon et signe à Yedo un nouveau traité le 26 août 1858.

Notre ambassadeur en Chine, le Baron Gros devait partir pour le Japon en même temps que son collégue anglais, Lord Elgin, mais son voyage dut être retardé à cause du mauvais état de l'*Audacieuse*; le Baron Gros demanda par la lettre suivante au Commandant de l'escadre des renseignements au sujet des avaries de ce navire:

Le Baron Gros à l'Amiral Rigault de Genouilly[2]).

Monsieur l'Amiral,

J'ai eu l'honneur de vous parler plusieurs fois des instructions que j'ai reçues du Gouvernement de l'Empereur, au sujet d'un traité que j'aurais à négocier au Japon, lorsque les Affaires de Chine auraient reçu une solution qui me permettrait de me rendre dans cet Empire avec mon honorable collégue d'Angleterre. Les deux cabinets de Londres et de Paris ont pensé qu'une entente bien établie entre leurs plénipotentiaires imprimerait un caractère plus imposant à la négociation que nous aurions respectivement à entamer au Japon: ce qui serait rendre ainsi le succès plus assuré. En conséquence, S. E. M. le Ministre des Affaires étrangères me dit dans ses instructions qu'il est indispensable que je ne me présente au Japon qu' accompagné d'une force navale suffisante pour faire impression sur la Cour de Yedo, et qu'il a invité M. le Ministre de la Marine à donner des ordres à ce sujet à M. le Commandant en Chef de notre Station navale en Chine.

J'ai eu l'honneur de vous parler aussi, Monsieur l'Amiral, du fâcheux état

---

1) Une convention avait été signée par les Etats-Unis à Shimoda le 17 juin 1857.

2) Charles Rigault de Genouilly, né à Rochefort (Charente Infre) le 12 avril 1807 † 4 mai 1873; contre-amiral, 2 déc. 1854; vice-amiral le 9 août 1858.

dans lequel se trouve l'*Audacieuse*, incapable de naviguer en ce moment, comme vous le savez, et je vous ai prié de vouloir bien me faire connaitre les dispositions qu'il vous serait possible de prendre pour parer aux éventualités du moment. Vous avez bien voulu me dire que la corvette à vapeur le *Laplace*, l'aviso le *Prégent*, et le navire de commerce le *Rémi* seraient mis à ma disposition: mais, pour être en règle envers le département, je vous prie, Monsieur l'Amiral, de vouloir bien me le dire officiellement, et me faire connaitre aussi l'époque à laquelle je pourrais quitter Chang-Haï, s'il y avait lieu.

Lord Elgin compte, je crois partir pour Nagasaki avec l'Amiral Seymour, mais aucun plan n'est encore arrêté, et tout dépendra un peu de ce que je pourrai faire moi-même.

Agréez, etc., (sig.) Bon Gros.

Dans sa réponse, l'Amiral Rigault parle pour la première fois de l'expédition de Cochinchine depuis que le Baron Gros lui avait demandé officiellement en février 1858 d'en remettre l'exécution après la conclusion des affaires de Chine.

Chang-Hai, le 23 Juillet 1858.
A bord du *Phlegeton*.

Réponse de l'Amiral Rigault de Genouilly au Baron Gros.

Monsieur le Baron.

J'ai reçu la lettre que vous m'avez fait l'honneur de m'adresser, sous la date du 28 juillet, au sujet de la mission que vous avez à remplir au Japon, de concert avec Lord Elgin. Vous me faites l'honneur de me dire, dans cette dépêche, que le Département des Affaires Etrangères compte que vous vous présenterez au Japon, accompagné d'une force navale considérable. Je regrette que les circonstances ne me permettent pas d'envoyer de ce côté, une force navale de cette nature. En effet, distraction faite, de la frégate l'*Audacieuse*, qui est malheureusement hors de service, et des trois navires de guerre, la *Capricieuse*, le *Catinat* et le *Marceau*, qui doivent rester devant Canton pour assurer sa garde, il ne m'est possible de mettre à votre disposition que la corvette le *Laplace*, l'aviso le *Prégent* et le steamer le *Rémi*. Tous les autres bâtiments sont indispensables pour l'expédition à faire en Cochinchine, expédition ordonnée depuis longtemps, et que S. E. M. le Ministre de la Marine sait parfaitement devoir être exécutée, dès que les Affaires de Chine auront reçu une solution. Cette Expédition ne saurait être ajournée par nombre de motifs; les principaux sont: la violence de la persécution qui s'exerce sur nos missionnaires et les Chrétiens, persécution qu'il importe de faire cesser au plus tôt; la présence des troupes envoyées de France, au nombre de 1200 hommes, dont les dépenses d'entretien pèsent lourdement sur le budget de la marine, dépenses qui ne sauraient rester plus longtemps improductives; la santé de ces troupes serait d'ailleurs compromise par un entassement prolongé à bord, enfin, M. le Capitaine Général des Philippines a fait tous les préparatifs nécessaires pour nous fournir le contingent destiné à agir avec nous, et ce serait manquer à tous les égards dus à un allié, que de réclamer de nouveaux retards. Ce sont là des considérations de premier ordre. Je ne parle pas de celles de second ordre, telles que les saisons; les conditions de navigation, etc., etc. Je dois d'ailleurs vous faire remarquer, M. le Baron, que Lord Elgin d'après ce qui m'a été dit par M. l'Amiral Seymour, ne sera accompagné au Japon, que par trois bâtiments de guerre, quatre au plus, et qu'il n'y aura pas disparité trop grande entre les escortes des Ambassadeurs de France et d'Angleterre. L'avantage eût été même de notre côté si l'*Audacieuse* eût pu faire cette campagne, nous avons dû nous résigner du reste, pendant toute la durée des opérations de Chine, à l'infériorité numérique.

Répondant à la dernière question que vous me faites l'honneur de m'adresser, j'ai l'honneur de vous informer que le *Laplace* et le *Prégent* sont prêts à faire route au premier ordre, et que le *Remi*, qui a commencé à embarquer un approvisionnement de charbon, pour les trois bâtiments, sera prêt à les suivre sous deux ou trois jours.

Veuillez agréer, etc.

(Sig.) RIGAULT de GENOUILLY.

Enfin le 6 septembre 1858, le Baron GROS s'embarquait sur la corvette à vapeur le *La Place* commandée par le capitaine de frégate de KERJÉGU avec M. de CONTADES[1]), M. de CHASSIRON[2]), et son interprète pour le japonais, l'abbé MERMET[3]); il était accompagné de l'aviso le *Prégent* commandé par le Comte d'OSERY et du bâtiment de commerce le *Remi*[4]) portant MM. de MOGES[5]), de LA

1) Henri GASTON, vicomte de CONTADES; voir Henri CORDIER, *Expédition de Chine de* 1857—58, p. 162 note. — M. de Contades faisait fonctions de premier secrétaire en l'absence de M. DUCHESNE de BELLECOURT parti pour la France avec le traité de T'ien tsin.

2) Auteur de *Notes sur le Japon, la Chine et l'Inde.* — 1858—1859. — 1860. Paris, 1861, in-8. — Voir *Bibliotheca Sinica*, col. 2128.

3) *Eugène Emmanuel* MERMET, du diocèse de Saint-Claude; Missions étrangères de Paris; parti pour le Japon, 25 août 1834; quitta la Société en 1864.

4) «Sur le *Rémy*, les passagers auront toutes leurs aises; les aménagements y sont assez spacieux pour que le baron Gros, malgré sa première résolution, fondée sur des motifs politiques, de n'adjoindre qui que ce fût au personnel de sa Mission ait consenti, sur ses vives instances, à autoriser M. Jules Lecomte, de Paris, à titre purement officieux bien entendu, à faire partie de l'expédition; mais avec certaines restrictions personnelles, eu égard au séjour que nous devons faire dans la capitale du Japon. M. Lecomte, en ce moment en Chine comme simple curieux, est accepté d'autant plus volontiers par nos jeunes collègues, qu'il a la réputation d'un voyageur universel et infatigable, malgré ses cheveux blancs; il dit avoir parcouru le monde entier; il n'est personne qu'on lui cite qu'il ne connaisse, et cause de tout et de tous avec une imagination qui ne tarit jamais, que rien ne sait jamais faire hésiter; en somme, c'est pour le *Rémy* une acquisition qui s'annonce agréable.» (Chassiron, p. 24.) M. de MOGES, *Souvenirs*, p. 282, nomme ce voyageur *Casimir* Lecomte.

5) *Ludovic Joseph Alfred*, Marquis de MOGES, né à Paris le 4 oct. 1830; attaché aux archives des Affaires étrangères, 15 avril 1853; au Cabinet du Ministre, le 21 juin 1854; à la mission de Chine, 5 mai 1857; attaché payé au Cabinet, 10 mai 1859; secrétaire de 3e classe, 7 déc. 1859; en disponibilité, 4 août 1860. — A publié des *Souvenirs* que nous aurons l'occasion de citer.

TOUR-MAUBOURG [1]), de *Trévise* [2]) et de FLAVIGNY [3]). La mission française arriva à Shimoda le 13 septembre. Un traité fut signé le 9 octobre 1858; M. de Moges fut chargé de porter à Paris un des deux exemplaires originaux.

C'était le premier traité que la France signait avec le Japon; sans aucun doute les succès que nous avions remportés sur les Chinois avaient facilité l'œuvre de notre diplomatie rendue plus difficile d'autre part par la médiocre apparence de notre escadre comparée à celle qui avait accompagné Lord Elgin dans les eaux de l'Empire du Soleil Levant.

Ce sont les pièces relatives aux négociations de ce traité que nous publions aujourd'hui pour la première fois intégralement.

I.

Yedo, le 6 octobre 1858. Baron Gros au Cte Walewski.

Monsieur le Comte.

C'est de Yedo, la capitale politique de l'Empire du Japon, dans laquelle flottent pour la première fois les couleurs de la France, que j'écris cette dépêche, et, avant d'avoir l'honneur de faire connaître à V. E. ce qui s'est passé autour de moi depuis mon départ de Chang-haï, je suis heureux de pouvoir lui annoncer qu'un traité de paix, d'amitié et de commerce est arrêté dans toutes ses clauses et qu'au moment où j'écris cette dépêche, que je ne pourrai faire partir que de Chang-Haï mais que je tiens à dater de Yedo, les Secrétaires respectifs préparent les textes du traité qui sera signé, je l'espère, dans trois ou quatre jours au plus tard.

Ce traité est nécessairement presque identique à celui qu'a conclu

1) *Alfred* de FAY, comte de LATOUR MAUBOURG; voir Henri CORDIER, *l. c.*, p. 163 note.

2) Hippolyte Charles Napoléon MORTIER, Marquis de TRÉVISE; voir Henri CORDIER, *l. c.*, p. 163 note.

3) *Emmanuel Raymond Auguste*, Vicomte de FLAVIGNY; voir Henri CORDIER, *l. c.*

Lord Elgin et qui n'est, lui-même, qu'une copie à peu près textuelle de celui des Etats-Unis; mais Lord Elgin à obtenu une concession considérable pour son pays en faisant admettre au Japon les étoffes anglaises de coton et de laine moyennant un droit insignifiant de 5 °/₀ sur leur valeur, tandis qu'il m'a été *absolument* impossible de faire réduire, même à 20 °/₀, les droits de 35 °/₀ qui pèsent sur nos vins, droits prohibitifs imposés par cette seule raison que Mr Harris, membre probablement de quelque société de tempérance, a cru pouvoir empêcher d'arriver au Japon des vins que les Etats-Unis ne produisent pas. Lord Elgin, en copiant le traité américain, n'a songé qu'aux fabriques d'étoffes de coton et de laine de son pays, et, se conformant aux usages japonais, il a pu se faire écouter en offrant de magnifiques présents aux autorités du pays. Je n'avais rien à leur donner pour les disposer en ma faveur et il ne m'était pas permis de leur tenir un langage comminatoire s'ils ne voulaient ni me recevoir ni m'écouter.

Parti de Chang-Haï le 6 sept. avec la corvette à vapeur le *Laplace*, l'aviso le *Prégent*, le bâtiment de commerce le *Rémi*, je suis arrivé à Simoda le 13 du même mois et j'y ai reçu de Mr Harris, le Consul Général des Etats-Unis, et des deux Gouverneurs de la ville l'accueil le plus empressé.

A cinq heures du soir, le Gouverneur est venu me faire la première visite: il était accompagné d'une nombreuse suite et des insignes de sa dignité. Une collation avait été préparée à bord et la conversation a été aussi animée que possible lorsqu'il faut se servir d'un interprète. Cependant il était facile de voir chez lui un vif désir de me faire renoncer au voyage de Yedo. «L'Empereur, «m'a-t-il dit, est malade, il ne pourra pas probablement vous rece-«voir et puisque vous n'avez que des compliments à lui faire de la «part de votre souverain, pourquoi ne pas les envoyer de Simoda «et vous épargner ainsi un voyage inutile et fatigant.»

J'ai répondu au Gouverneur que ma mission, dont lui avaient déjà parlé Lord Elgin et le Comte Poutiatine, avait plus de portée qu'il ne semblait le croire; que je regrettais vivement que l'Empereur fut assez souffrant pour ne pas me recevoir; mais que, muni de pleins pouvoirs pour négocier un traité avec le Japon, je devais me rendre à Yedo d'où j'écrirais au premier ministre pour lui annoncer mon arrivée et l'objet de ma mission. J'ai ajouté que cette mission était toute pacifique et bienveillante; que la France n'avait rien à reprocher au Japon; que je ne devais lui demander que ce qu'il avait déjà accordé à d'autres puissances et que j'espérais être aussi favorablement écouté que l'avaient été les autres Plénipotentiaires. Je ne leur ai pas dit que j'avais appris confidentiellement par Mr Harris, que l'Empereur était mort le jour-même où Lord Elgin était arrivé à Yedo et que le Gouvernement voulait, par je ne sais quelle raison, ne pas faire connaître cet évènement au public pendant quelque temps encore.

Le Gouverneur m'a demandé enfin de différer mon départ de quelques jours afin qu'il eût le temps de donner avis à Yedo de mon arrivée à Simoda et de mes projets ultérieurs. Au moment où il allait quitter le bord, le Gouverneur a demandé d'y rester encore pendant le salut qu'on se proposait de lui rendre. Il a ensuite visité le bâtiment avec une intelligente curiosité et a montré le vif désir de tout connaitre. Il m'a prié enfin de vouloir bien accepter une collation chez lui le surlendemain et il s'est retiré en me remerciant de l'accueil si cordial qu'il avait reçu à bord du *Laplace*. Nous avons été très contents du Gouverneur et de ses officiers; leurs bonnes manières, leur politesse exquise, l'intérêt réel qu'ils prenaient à tout ce qu'ils voyaient nous ont révélé bien vite une race supérieure en tout à celle que nous venions de quitter en Chine. Le lendemain, des présents en poisson, en légumes et en fruits m'ont été apportés de la part du Gouverneur; il y avait joint deux rames de beau papier dont je devais avoir besoin, me faisait-il dire, *pour écrire mes intelligentes pensées*. J'ai pu heureusement accepter ces présents, ayant à offrir aux autorités japonaises quelques couverts en vermeil à mon chiffre, des bijoux à mon usage et aussi des vins de Constance que j'avais achetés en passant au Cap de Bonne Espérance.

L'accueil que j'ai reçu chez lui où j'ai mené le personnel de la mission et les deux Commandants du *Laplace* et du *Prégent*, a été d'une bienveillance extrême. Deux officiers m'attendaient au débarcadère; ils m'ont complimenté au nom du Gouverneur qui me faisait savoir que pendant toute l'entrevue qui allait avoir lieu, il me donnerait le titre de *premier Conseiller de l'Empereur des Français* et m'ont accompagné à l'hôtel de ville. Le second Gouverneur entouré de ses officiers m'y attendait à la porte et m'a conduit dans la première pièce où le Gouverneur m'a reçu et m'a fait passer immédiatement dans la salle du banquet. Deux tables parallèles laissant pour le service un espace vide entre elles étaient disposées pour les convives; un banc couvert de nattes d'une propreté exquise nous servait de siége et le Gouverneur, son second et sept officiers, tous en grand costume, se sont agenouillés et assis sur leurs talons, accroupis ainsi sur la table même qui leur était destinée. Une foule de mets servis dans de petits plats et de petites écuelles de laque ont été successivement placés sur les tables et toute l'élégance de la cuisine japonaise, moins agréable au goût qu'à la vue, a été déployée devant nous. Les vins chauds du pays ont été servis dans d'élégantes coupes de laque; nos cartes de visite ont été échangées de part et d'autre; des santés ont été portées, et, à la fin de la collation, la gaieté et la bonne entente devenant presque trop expansives, je me suis retiré après avoir reçu du Gouverneur l'offre de domestiques, de pilotes et d'interprètes dont je pourrais avoir besoin *pour rendre plus facile mon voyage à Yedo*. Je l'ai remercié de sa bienveillante hospitalité en l'assurant que je serais très heureux si à Yedo je recevais un accueil pareil à celui qu'il m'avait fait à Simoda.

Le vendredi 17, il m'a envoyé plusieurs de ses officiers à bord pour m'annoncer que l'Empereur était mort, et que, par suite du deuil général dans lequel j'allais trouver Yedo, il y aurait peut être à craindre quelque émotion populaire à la vue du pavillon français qui n'y était pas connu. Il croyait, dans mon intérêt, devoir me donner cette nouvelle qui probablement me ferait renoncer à la détermination que j'avais prise. J'ai fait remercier le Gouverneur de l'avis qu'il voulait bien me donner; je lui ai fait dire aussi que nous prenions une part bien vive au douloureux évènement qui frappait le pays et que, pour nous associer à la douleur publique, nos pavillons allaient être arborés à mi-mât en signe de deuil; mais que la mission que j'avais à remplir étant indépendante de la personne du Souverain et ne devant éprouver aucun retard, je partirais le 19 au matin pour Yedo. Ce jour là, en effet, nous jetions l'ancre devant cette ville et une embarcation mandarine venait à bord avec quelques officiers japonais, que je n'ai pas dû recevoir, et qui ont remis à M. de Contades l'invitation, écrite en hollandais, de nous rendre à Kanagawa où nous serions *les biens venus*. J'ai fait répondre au porteur de ce billet que c'était à Yedo que je devais aborder et non à Kanagawa et la barque mandarine s'est éloignée. Le lendemain six grands dignitaires qui peu de jours après ont été nommés pour traiter avec moi, sont venus à bord et pendant plusieurs heures ont fait d'inutiles efforts pour me faire renoncer à débarquer à Yedo; le grand deuil était l'argument qu'ils mettaient sans cesse en avant. Ils m'ont demandé d'aller négocier à Kanagawa et sur mon refus, ils m'ont dit que le Gouvernement japonais consentirait à envoyer des Plénipotentiaires à bord du *Laplace*. J'ai répondu et répété sans cesse que je venais en ami ne demander au Japon que ce qu'il avait accordé aux autres puissances et que je voulais être traité comme l'avaient été les Plénipotentiaires d'Angleterre, de Russie et des Etats-Unis, que le deuil actuel ne changeait rien à ma position et que je m'éloignerais sans hésiter si l'on cherchait à me faire subir la moindre humiliation: les Japonais m'ont alors parlé du choléra qui enlevait quatre ou cinq cents personnes par jour dans Yedo; je les ai remerciés, en riant, de l'avis qu'ils me donnaient, tout en leur disant cependant que nous n'avions aucune crainte du fléau, à la réalité duquel, je l'avoue, je ne croyais pas en ce moment. Fatigué enfin d'une lutte incessante et sans issue, je leur ai déclaré assez sèchement que j'allais écrire immédiatement au premier Ministre de l'Empereur et que j'agirais en conséquence de la réponse qu'il me ferait. Les mandarins m'ont offert alors de se charger de ma lettre et de la porter à terre. J'ai décliné leur proposition en leur disant que comme cette lettre contiendrait une copie des pleins pouvoirs que j'avais reçus de l'Empereur, elle ne pouvait être portée à terre que par deux des secrétaires de ma mission. Les mandarins m'ont demandé avec instance que la lettre ne fut envoyée que le lendemain et qu'elle fût remise dans un petit temple au bord de l'eau situé hors des murs de la ville; j'ai consenti à ce désir; mais à la condition expresse que le premier ministre me répondrait dans la journée. Après s'être concertés à voix basse, les mandarins ont accédé à ma demande en me faisant remarquer cependant, que si le temps devenait mauvais et la mer houleuse je pourrais éprouver un retard. Il n'y avait rien à répondre à cette observation et les affaires officielles étant terminées, je leur ai offert une collation qu'ils ont refusée à cause du deuil national qui venait à peine de commencer.

V. E. trouvera çi-joint une copie de ma lettre au premier ministre; cette lettre a été portée à terre le lendemain matin par M. de Contades auquel les mandarins ont fait un accueil très convenable et ont annoncé qu'une habitation allait être préparée pour nous dans la ville où nous pourrions descendre dans peu de jours.

La réponse à ma lettre au premier ministre a été signée par les cinq membres qui composent le Ministère des Affaires étrangères. V. E. en trouvera çi-joint une traduction et Elle verra qu'elle est parfaitement convenable.

Le 22, les six mandarins sont venus à bord dans leur embarcation officielle, mais quelques heures après, et alors qu'ils m'avaient déclaré que c'était eux que l'Empereur avait désignés pour traiter avec moi, le yacht de luxe donné par Lord Elgin à l'Empereur du Japon est venu manœuvrer auprès de nos bâtiments dont il a fait le tour avec affectation et il a mouillé bord à bord du *Laplace* pour y recevoir les mandarins et les reconduire à terre. Quelques paroles échangées entre eux et cette démonstration assez singulière ne permettent pas de douter qu'il y avait dans cette manœuvre l'intention d'un reproche à notre adresse ou un exemple à nous donner à suivre.

Avant leur départ, les six mandarins m'ont demandé si je les acceptais comme négociateurs ainsi que l'avaient fait Lord Elgin, le Comte Poutiatine et Mr Harris. Je leur ai déclaré que je traiterais avec plaisir avec les mêmes fonctionnaires qui avaient négocié avec les autres Plénipotentiaires et ils m'ont dit alors que je pourrais me rendre à terre quand je le voudrais, en me priant cependant d'attendre encore un jour ou deux parce que les funérailles de l'Empereur auraient lieu le lendemain; ils m'ont offert en même temps comme habitation, la bonzerie qu'avait occupée le Comte Poutiatine. J'ai demandé celle de Lord Elgin que je croyais plus au centre de la ville; ils m'ont assuré qu'on y faisait en ce moment des sacrifices aux dieux; mais que je pourrais envoyer quelqu'un examiner les lieux et que je choisirais celui qui pourrait me convenir.

M. de Contades est allé à terre et, sur son rapport, j'ai demandé la bonzerie où avait habité l'amiral russe.

Le dimanche 26 sept. à midi, j'ai débarqué à Yedo avec toutes les personnes attachées à la mission; le Commandant du *Laplace* et celui du *Prégent* et l'un des chirurgiens du bord attendu que les Japonais ne m'avaient pas trompé en me parlant du choléra qui, malheureusement, sévit avec rigueur dans Yedo.

A peine arrivé dans la bonzerie, j'y ai reçu la visite des six Plénipotentiaires et vers 4 heures du soir, une quantité considérable de provisions en légumes, en fruits et en poissons m'ont été offertes de la part de l'Empereur avec l'assurance que chaque jour il m'en arriverait autant. J'ai fait répondre que j'acceptais avec une respectueuse reconnaissance l'envoi que le Taïcoun me faisait aujourd'hui; mais que je désirais vivement ne pas être indiscret et qu'un second envoi deviendrait inutile puisque j'avais déjà pris toutes les mesures nécessaires pour avoir, en les payant, toutes les provisions dont je pourrais avoir besoin. Un peu plus tard on est venu me prévenir qu'un diner préparé dans les cuisines impériales était servi pour vingt personnes dans la grande salle de la bonzerie et il a fallu nous mettre à table et chercher autant que possible à ne pas trop laisser voir la difficulté que nous éprouvions à goûter à des mets qui répugnaient à notre goût comme à notre odorat. Tout était servi dans des plats et des soucoupes de laque et, par une attention toute particulière, on avait placé à côté des bâtonnets d'ivoire qui, ici comme en Chine, remplacent nos fourchettes, des couverts européens en vermeil qui nous ont été fort utiles.

Le second Gouverneur de Yedo est venu se placer devant moi pour me faire les honneurs du repas; mais, avant toute chose, il m'a prié de lui faire servir du vin de champagne qu'il connaissait déjà, m'a-t-il assuré et qu'il aimait beaucoup. J'ai profité de cette occasion pour boire avec lui et ses officiers à la santé du nouvel Empereur.

Avant de me séparer des six Plénipotentiaires japonais qui ont quitté la bonzerie alors que le diner n'était pas encore servi, il a été convenu entre nous que le lendemain 27 septembre, nous nous réunirions à 2 heures dans la bonzerie pour procéder à l'échange de nos pleins pouvoirs et que nous passerions immédiatement à l'examen du traité que j'avais préparé d'avance et qui, étant presque identique à celui de Lord Elgin, ne pourrait soulever aucune difficulté. Je leur ai annoncé qu'il était déjà traduit en japonais par Mr Eugène Mermet, l'excellent interprète que j'avais pris avec moi à Chang-haï, et que je leur remettrais afin qu'ils pussent l'examiner à loisir chez eux et venir ensuite l'adopter, sauf les modifications que nous pourrions y faire de commun accord.

Les conférences ont en effet commencé le 27 septembre et ont duré cinq jours. Les six Plénipotentiaires japonais avaient amené deux Secrétaires avec eux et Mr de Contades étant un peu indisposé, j'ai désigné M. de Moges pour le remplacer auprès de moi. M. Eugène Mermet, l'interprète de la mission, avait avec lui un employé subalterne japonais que lui avait donné le Gouverneur de Simoda pour l'aider dans ses travaux et sans doute aussi pour rendre compte de ce qui se passait dans l'intérieur où il était admis.

V. E. trouvera çi-joint les procès-verbaux des conférences qui ont eu lieu pendant la négociation du traité. Ils lui feront connaître la lutte pénible que j'ai eue à soutenir; mais aussi le bon résultat que j'ai été assez heureux pour obtenir. Il est évident pour moi, d'après ce que j'ai pu voir et entendre et par suite de quelques confidences qui ont été faites, que j'aurais obtenu sans difficulté l'admission de nos vins au Japon moyennant un droit de 20 °/o et peut-être inférieur encore à ce taux, si, comme Lord Elgin, j'avais pu, conformément aux usages du pays que les traités avec la Hollande semblent même confirmer, offrir quelques présents à l'Empereur et aux grands fonctionnaires avant de traiter les affaires avec eux; mais la direction des fonds, au moment de mon départ de Paris a cru ne pas pouvoir me remettre les présents que j'avais indiqués comme indispensables et lorsque je me suis plaint aux Plénipotentiaires Japonais du refus que l'on opposait à mes demandes si modestes en comparaison de celles de mon Collégue d'Angleterre auquel on avait accordé une faveur signalée, je sais qu'on n'a pas trouvé de bon goût que je crusse pouvoir établir un parallèle entre Lord Elgin et moi qui nous étions présentés au Japon dans des conditions si différentes.

Je prie V. E. de ne voir dans ce que je viens de dire que l'expression d'un regret et nullement une plainte que je ne me reconnais pas le droit de porter; je me borne à constater un fait qu'il est de mon devoir de faire connaître à Votre Excellence. Du reste, j'ai cru devoir dire aux Plénipotentiaires Japonais que le joli navire à vapeur que leur avait donné Lord Elgin au nom de Son Gouvernement n'avait été offert qu'après la conclusion du traité signé par l'Amiral Stirling et j'ai ajouté qu'offrir des présents avant d'avoir même entamé une première négociation aurait pu donner lieu à de fâcheux commentaires; mais que, selon toute probabilité, au moment où l'échange des ratifications se ferait à Yedo, des preuves non équivoques de bonne amitié et de souvenir seraient données au Taïcoun comme aux grands dignitaires qui ont signé le pacte d'alliance entre les deux Empires.

Depuis ce moment, une intimité réelle et cordiale s'est établie entre nous; nos manières conviennent mieux aux Japonais que celles de nos Alliés et j'ai pu me procurer déjà, en livres, cartes et autres objets dont la vente aux Etrangers est sévèrement prohibée, de curieux documents que Lord Elgin n'a pas eus.

J'aurai l'honneur de faire connaître à la Direction des Fonds qui m'a écrit huit mois trop tard au sujet des présents à faire au Japon, quels sont les objets qu'il conviendrait d'offrir aux autorités de Yedo, et j'ai la conviction qu'avec une somme relativement peu considérable nous pourrons facilement effacer l'impression défavorable qui pèse sur nous en ce moment et obtenir en 1864, lors de la revision du tarif, la réduction des droits exorbitants qui frappent l'un de nos principaux produits d'exportation.

Nul doute pour moi que sans le retentissement des affaires de Canton et de Takou qui ont prouvé aux Japonais qu'on n'insultait pas la France impunément, la mort de l'Empereur eût été un prétexte pour ajourner toute négociation avec un Plénipotentiaire qui se présentait au Japon sans pouvoir se conformer aux usages reçus et qui y arrivait avec quatre de ses secrétaires logés sur un navire de commerce, le *Rémi*, de Londres, dont le capitaine, heureusement, a consenti à arborer le pavillon français pendant l'expédition au Japon.

Veuillez agréer, etc. (sig.) Bon GROS.

II.

A. S. E. le premier Ministre de S. M. l'Empereur du Japon, à Yedo.

Devant Yedo, le 20 septembre 1858.

Le Soussigné, Ambassadeur de S. M. l'Empereur des Français en Chine et son Commissaire Extraordinaire et Plénipotentiaire, a l'honneur d'annoncer à S. E. le premier Ministre de S. M. l'Empereur du Japon qu'il vient d'arriver devant Yedo et qu'il est muni de pleins pouvoirs de S. M. l'Empereur des Français pour négocier et conclure un traité de paix, d'amitié et de commerce avec les Commissaires Impériaux qu'il plairait à S. M. l'Empereur du Japon de nommer à cet effet.

Le Soussigné n'a que des paroles de bienveillance et d'amitié à faire entendre au Gouvernement de S. M. l'Empereur du Japon et il ne désire autre chose au nom de son Gouvernement, que d'établir entre les deux Empires les mêmes relations qui, dans un intérêt réciproque, viennent d'être consacrées par des traités entre le Japon, l'Angleterre, la Russie et les Etats-Unis d'Amérique. Le Soussigné n'a rien à demander qui ne soit déjà stipulé dans ces traités conclus entre nations amies, et il espère que le vœu de Son Gouvernement sera accueilli par celui de l'Empire japonais avec les mêmes sentiments d'amitié et de confiance qui le portent à s'exprimer.

En faisant des vœux pour la prospérité de l'Empereur et de l'Empire et personnellement pour S. E. le premier Ministre de S. M., le Soussigné lui fait avec confiance cette importante communication.

Une copie des pleins pouvoirs du Soussigné est jointe à cette dépèche.

(Sig.) Bon Gros.

III.

A S. E. M. le Baron Gros, etc., etc., etc.

Réponse du Gouvernement de Yedo à la lettre du Bon Gros annonçant son arrivée et le motif de son Voyage. Traduction.

Nous avons ouvert et lu votre noble lettre; elle est claire et précise.

Nous vous félicitons d'être arrivé chez nous sans accident. Maintenant, vous désirez, dites vous, faire un traité semblable à celui des Américains, des Russes et des Anglais. Nous acquiesçons à la lettre de l'Empereur des Français et nous approuvons la pensée d'unir les deux nations par des liens de paix, d'amitié et de commerce: C'est pourquoi nous avons nommé cinq Plénipotentiaires.

Comme l'Empereur (le Taïcoun) est mort et que tout est en deuil dans la ville, nous manquerons à bien des choses et nous ne pourrons pas obéir à l'impulsion de notre cœur à votre égard; c'est pourquoi nous prions V. E. de vouloir bien ne pas l'oublier pendant son séjour dans notre ville.

La cinquième année du Nengo-Anchei, dite l'année du Cheval (le 21 septembre 1858).

Signé: Ota Bingounho Kami.
Mannabé Schinmoô Kami.
Matzoudaitha hidzoumino Kami.
Khoudzé Yamatonó Kami.
Naïto Khino Kami.

(Ce sont les noms des cinq membres qui composent le Gorotschio, ou Ministère des Affaires étrangères). [1])

IV.

Le 27 septembre 1858.

Procès verbal de la 1ère séance des Conférences tenues à Yedo.
1e conférence de Yedo. [2])

Etaient présents:

Le Baron Gros, Plénipotentiaire de France.

Le Marquis de Moges, faisant fonction de Secrétaire en l'absence de M. de Contades, un peu indisposé.

M. Eugène Mermet, Interprète Franco-japonais de la Mission.

Et Midzounó Ikigou no Kami.
Nagai Guenba no Kami.
Inouye Chinanó no Kami
Hori Oribei no Kami.
Iwache Fingou no Kami.
et Kamï Sakio Kami. [3])

---

1) Pour trad. conforme: Bon Gros.

2) Publiée avec des coupures dans Chassiron, *Notes*, pp. 149—154.

3) «Ce dernier plénipotentiaire est taciturne; il ne prend jamais la parole, même au milieu des plus vives discussions. Il écoute, et ne parle point. Nous nous permettons de porter un jugement peu favorable sur son esprit. Mais nous sommes tout étonnés un jour d'apprendre la véritable nature et l'importance de ses fonctions. Nous voyons sur sa carte de visite qu'il prend le titre d'*espion impérial*, mot à mot, homme qui regarde de travers pour rendre compte à l'empereur.» (Mis de Moges, *Souvenirs*, pp. 301—302.)

Ce dernier n'est arrivé qu'à 2 h. $^1/_2$. Plusieurs secrétaires parmi lesquels Moriama Yanoski.

La séance commence à 2 heures, dans la Bonzerie occupée par l'ambassade française. En attendant l'arrivée du sixième Plénipotentaire japonais qui, bien que malade, a voulu assister à la Conférence, le premier Plénipotentiaire revient sur la question déjà épuisée dans une visite précédente, de la possibilité pour le personnel de la Mission de sortir de la Bonzerie avant la conclusion du traité. Il renouvelle tous les arguments présentés la veille pendant la visite que lui et ses collégues ont faite à l'abassadeur; mais avec un ton où la bonne grâce a fait place à une certaine sécheresse. L'Ambassadeur de France, justement froissé, lui a répondu qu'il ne pouvait pas admettre que lui et le personnel de sa mission fussent traités en prisonniers, qu'il aimerait mieux mille fois quitter Yedo, et rendre compte à son Gouvernement de ce qui se serait passé que de subir de pareilles exigences. Si les Japonais ne veulent pas conclure de traité avec la France, qu'ils le disent, mais qu'ils n'opposent point des procédés désagréables et humiliants à la bienveillance du représentant de la France, qui a cédé déjà à plusieurs de leurs demandes! Pourquoi cette différence d'accueil avec celui qui a été fait, dit-on, à Lord Elgin, au Comte Poutiatine et à Mr Harris, qui sont sortis sans difficulté dès le premier jour de leur arrivée en ville?

Le deuil du Taïcoun en est l'unique cause, ont répondu les Japonais.

Mais le deuil doit durer encore 36 jours, a dit l'Ambassadeur! Vous nous opposerez donc le même argument après la signature du traité?

Le deuil subsistera encore, il est vrai, mais son terme sera plus proche, ont répondu les Japonais. Hier, quand nous avons abordé cette même question, et demandé que l'on ne sortit point dans la ville avant la conclusion du traité, l'Ambassadeur nous a répondu que ces demandes lui étaient pénibles; mais nous avons compris qu'il y accédait, et nous en avons même fait part à la Cour. Cependant, aussitôt après la visite, les Secrétaires et des Officiers se sont promenés en grand nombre dans la ville, sans que les autorités en eussent été prévenues.

L'Ambassadeur a protesté alors contre une pareille insinuation. Il n'a jamais pu lui venir dans l'esprit qu'il fut défendu à des étrangers, venant avec confiance chez un peuple ami, pour y établir les relations les plus bienveillantes, de sortir de chez eux, et d'être renfermés dans leurs demeures, comme des gens dont on redoute le contact. Une semblable idée eût été injurieuse pour le caractère japonais, et il l'eût repoussée comme telle, si elle avait pu lui être suggérée.

Les Plénipotentiaires japonais ont déclaré alors que telle n'avait jamais été leur intention: mais que l'on se trouvait à Yedo dans un temps extraordinaire et tout exceptionnel par suite de la mort de l'Empereur.

Le Baron Gros a répliqué qu'il n'était pas moins extraordinaire et aussi exceptionnel de voir le Représentant de la France arriver amicalement à Yedo, pour y négocier un traité de paix et de commerce, et que l'on devrait y avoir égard. D'ailleurs, a dit l'Ambassadeur, les Japonais ne sortent-ils pas pendant le deuil?

Oui, ils sortent, ont répondu les Plénipotentiaires de Yedo.

Eh! bien! alors, pourquoi nous opposer avec tant d'insistance une objection sans fondement, a répondu le Baron Gros? Si les autorités japonaises ne veulent point traiter avec nous, elles en ont le droit, mais qu'elles le disent franchement, et je regagnerai aussitôt nos bâtiments!

Le Baron Gros a parlé alors de la situation de la France envers le Japon, situation toute amicale et pacifique. Il n'est pas venu imposer ici un traité à coups de canon, comme il a été forcé de le faire en Chine dont le Gouvernement avait insulté la France; il vient en ami négocier un traité de paix et de commerce. Si le Gouvernement japonais ne comprend pas cette situation et la loyauté des intentions du Gouvernement français, l'Ambassadeur quittera aussitôt le pays, se réservant de rendre compte à sa Cour de l'accueil qui lui aurait été fait.

Le premier Plénipotentiaire s'est récrié alors contre cette pensée de l'Ambassadeur; mais le second a passé à Son Excellence une note qu'il venait de rédiger au crayon, et qui résumait la politique des six Plénipotentiaires à l'égard de la mission de France et l'étendue des concessions qu'ils voulaient lui faire. Elle est ainsi conçue:

«L'Ambassadeur sera toujours libre de sortir, mais il devra prévenir l'autorité japonaise, dès la veille. Quant à ses secrétaires et aux officiers, ils ne pourront sortir de la Bonzerie qu'après la conclusion du traité. Le deuil est une affaire d'étiquette, de cérémonie. Cependant, par condescendance pour les personnes appartenant à la mission, on leur permettra de sortir pour affaire, mais, en aucun cas, par pure curiosité».

Le Baron Gros a demandé à garder cette note, dans laquelle étaient formulées des prétentions si étranges. Il a déclaré vouloir la faire parvenir au premier ministre, avec une dépêche renfermant ses observations sur son contenu, afin qu'elles fussent mises immédiatement sous les yeux de l'Empereur.

L'annonce de ce projet a causé une assez vive émotion parmi les Plénipotentiaires. Une conversation animée s'est engagée entre eux. Les uns voulaient accorder la faculté de sortir, les autres insistaient pour que les autorités japonaises fussent prévenues la veille.

Le Baron Gros a fait de nouveau ressortir l'étrangeté et l'inconvenance de ces procédés, et il a déclaré de nouveau qu'il s'en irait plutôt que de se soumettre aux humiliations que, sans en comprendre la portée probablement, on semblait vouloir lui faire subir.

La France considère le Japon comme la nation la plus civilisée de l'Extrême Orient, a ajouté l'Ambassadeur; les Français ont beaucoup d'estime, beaucoup de sympathie pour le peuple japonais. C'est en vertu de cette estime, de cette sympathie, bien plus que par toute autre cause, que, les affaires de Chine terminées, le Baron Gros a été envoyé à Yedo par l'Empereur Napoléon pour conclure un traité de paix et d'amitié avec le Japon. Mais, il ne peut se dissimuler que de pareils procédés n'altéreraient sensiblement cette sympathie, et ne tendraient à anéantir les sentiments bienveillants de la France envers le Japon, s'ils pouvaient avoir quelque suite.

Les Plénipotentiaires japonais, à bout d'arguments, ont déclaré enfin tout accorder, et n'ont plus élevé que quelques difficultés de détail sans importance. Ne point sortir en trop grand mombre à la fois, ne pas se séparer dans la ville, ne point envoyer dehors les domestiques; telles sont les petites concessions qui leur ont successivement été faites, et qu'ils ont reçues avec une satisfaction très marquée.

La discussion étant close, le Baron Gros a promis de ne point entretenir son gouvernement de ce pénible et trop long incident, et il a consenti à leur rendre la note au crayon qu'ils lui avaient remise.

Le sixième plénipotentiaire étant arrivé, l'on a passé à l'objet essentiel de la séance. Mais, auparavant, le second plénipotentiaire a demandé encore à présenter quelques observations, et il s'est plaint d'avoir été réprimandé, ainsi que ses collégues, au sujet de la livrée dont S. E. avait revêtu les porteurs de sa chaise, le jour de son débarquement.

Le Baron Gros a exprimé ses regrets, et a déclaré ne pas

attacher la moindre importance à cette livrée, et n'avoir voulu en la prenant que donner une marque de déférence au Japon en y arrivant le plus convenablement possible. Il s'est engagé facilement à ne plus en faire usage.

Seconde Partie.

Le sixième Plénipotentiaire étant arrivé, l'on a procédé à l'échange des pleins pouvoirs. Le Baron Gros, ayant déjà envoyé une copie des siens au premier ministre, n'a pas eu à la produire dans cette séance. Les six Plénipotentiaires ont présenté une copie des leurs. Le Baron Gros leur a montré alors l'original de ses pouvoirs et la signature même de l'Empereur Napoléon; et les Japonais ont déroulé leur document officiel, et y ont fait remarquer le sceau rouge du nouveau Taïcoun. Puis, l'Ambassadeur a remis aux Plénipotentiaires son projet de traité traduit en Japonais, afin de faciliter et d'activer les négociations. Les Plénipotentiaires devront examiner ce projet, et présenter ensuite leurs observations, qui seront peu importantes, puisque toutes les stipulations de ce traité sont comprises dans les deux traités Anglais et Américain, à de légères différences près.

La clause concernant l'opium a été passée sous silence, dans le traité français, ce commerce étant complétement étranger à la France. Cependant, si les Japonais le désirent, l'Ambassadeur leur assure qu'il ne fera aucune difficulté à l'insérer également dans le traité français. Les Plénipotentiaires Japonais ont déclaré y tenir, cette clause prohibitive étant mentionnée dans tous les traités, Hollandais, Américain, Russe et Anglais. Le Baron Gros s'est rendu à leur vœu.

Le Plénipotentiaire de France qui avait annoncé aux Japonais que le traité serait rédigé en Français, en Japonais et en Hollandais, a déclaré avoir changé d'idée, par suite du manque d'un interprète hollandais qu'il pensait trouver à Yedo. Il désire donc, pour ne pas perdre de temps en envoyant chercher à Simoda l'interprète hollandais du Consulat Général des Etats-Unis, établir simplement le traité en Français et en Japonais.

Le Baron Gros a expliqué alors aux six Plénipotentiaires japonais que dans le texte français, l'Empereur des Français et son Plénipotentiaire seraient nommés les premiers; tandis que dans le texte japonais, ce sera le Taïcoun et les six Commissaires qui auraient la préséance. Chaque Gouvernement aura deux exemplaires du traité, l'un en Français, l'autre en Japonais. Ces différents points ayant été admis sans difficulté, et les Plénipotentiaires japonais ayant déclaré devoir revenir le lendemain, à la même heure, la séance a été levée à 3 heures ½, et les Plénipotentiaires respectifs se sont séparés en se donnant réciproquement des marques de bienveillance, et en se félicitant de l'heureux résultat de cette première conférence[1]).

Yedo, le 27 septembre 1858.

(Sig.) Mis. de Moges.

V.

Le 28 septembre 1858.

Procès verbal de la 2e séance des Conférences tenues à Yedo. Seconde conférence de Yedo [2]).

Tous les Membres qui composent la conférence étant réunis, la séance a commencé à 2 heures ½. Les Plénipotentiaires japonais se sont excusés de n'être pas arrivés à l'heure convenue, et ont donné pour motif le temps consacré à l'étude sérieuse et attentive du projet de traité, que leur avait remis la veille l'ambassadeur de

---

1) M. de Chassiron ajoute dans ses *Notes*, p. 154: «Le fait est que l'ensemble des rapports a été froid et peu facile du côté des Japonais. Le Baron Gros a dû user de réciprocité.»

2) Publié avec des variantes par Chassiron, pp. 155—157.

France. Ils ont assuré avoir tout examiné, tout compris, et ils ont demandé à présenter leurs observations pendant la conférence. Le préambule et les trois premiers articles ont été alors passés en revue, et successivement adoptés. Les stipulations qu'ils contiennent, déjà acceptées dans les deux traités Anglais et Américain, n'ont donné lieu à aucune difficulté. Mais, à propos de l'article 3, les Plénipotentiaires Japonais ont fait remarquer que l'ouverture des villes et ports de Yedo et d'Osaka ne doit pas être considérée comme aussi entière et aussi absolue que celle des autres villes et ports nommés dans le traité. Sans doute, les étrangers pourront résider dans ces deux villes, mais seulement pour y faire le commerce: laissant ainsi à entendre que lorsqu'ils auront cessé leur négoce, ils devront s'en aller, ils devront quitter ces villes, sans pouvoir s'y établir. Ils ont invoqué les deux textes Anglais et Américain, traduits en hollandais, où le caractère dont on s'est servi en Japonais pour désigner la résidence des Etrangers à Yedo et à Osaka n'est pas le même que celui qui a été employé pour Nagasaki, Hakodadi et les autres villes nommées dans le traité. Les deux textes consultés ayant confirmé l'assertion des plénipotentiaires, et cette question purement théorique ne devant point trouver place dans l'application, puisque l'étranger sera toujours loisible de faire le commerce, et par conséquent de rester dans le pays, le Baron Gros a consenti à laisser insérer le caractère *résidence*, au lieu du caractère *résidence fixe*, ainsi qu'il a été fait dans les deux traités Anglais et Américain.

La discussion s'est portée uniquement ensuite sur des questions de forme et de style: les Plénipotentiaires Japonais ont trouvé tel caractère trop énergique, tel autre trop faible. Leurs Excellences ont cherché surtout la clarté, et elles n'ont pas craint de reproduire inutilement la même idée sous plusieurs formes différentes. D'autres fois, elles se sont attachées à des délicatesses de langage dont la portée a échappé au Plénipotentiaire français: ainsi, elles ont demandé que le commerce général avec le Japon fut désigné par une expression, celui de telle ou telle autre ville en particulier par une autre moins noble. Le Plénipotentiaire Français s'est rendu à ces observations, si fortement empreintes du caractère japonais, et sans importance réelle pour le fond même du traité. Elles étaient conformes, d'ailleurs, aux textes japonais du traité avec l'Angleterre qui était sur la table, et que l'on a souvent consulté.

Les Plénipotentiaires japonais ont demandé si leur Gouvernement serait obligé d'envoyer des agents diplomatiques à Paris. M. le Baron Gros a répondu que le Japon aurait la faculté de le faire, ce qui nécessairement serait très agréable au Gouvernement français, mais que l'Empereur du Japon demeurerait parfaitement libre de ne point user de son Droit.

Leurs Excellences se sont informées alors du motif qui avait fait choisir la date du 15 août pour le jour de la mise à exécution du traité français, tandis que le traité anglais devait être en vigueur à partir du 1er juillet 1859, et le traité américain à partir du 4 du même mois de la même année.

Le Plénipotentiaire français a répondu que la date fixée par Lord Elgin était sans importance, et n'avait été choisie que pour ne pas mentionner une date qui pouvait rappeler une époque pénible pour l'Angleterre; mais que le 4 juillet, dans l'histoire des Américains, est l'anniversaire du jour où ils se sont affranchis de la domination anglaise, dont ils étaient autrefois la colonie. Le Baron Gros a ajouté qu'il avait demandé de reculer de quelques jours la date de la mise à exécution du traité conclu avec la France, afin de la faire coïncider avec la fête de S. M. l'Empereur Napoléon.

Les Plénipotentiaires japonais ont déclaré comprendre parfaitement ce sentiment, et n'avoir aucune objection à y faire.

Après quelques nouvelles difficultés de détail, la séance a été levée à 5 heures: l'heure avancée ne permettant pas d'aborder l'article 4 dont l'examen a été remis à la séance suivante. Les Plénipotentiaires sont convenus alors de se réunir le lendemain à 1 heure après-midi pour poursuivre de concert l'examen des articles du traité, qui n'ont pas encore été adoptés.

La séance a été levée à 5 heures.

Yedo, le 28 septembre 1858.

(Sig.) Mis de Moges.

VI.

Procès-verbal de la troisième Séance des Conférences tenues à Yedo. Troisième Conférence de Yedo.

Le 29 septembre 1858.

Tous les membres qui composent la Conférence étant réunis, la séance a été ouverte à deux heures. L'on a procédé successivement à l'examen des articles du projet de traité, depuis le quatrième, auquel on s'était arrêté dans la précédente séance, jusqu'à l'article 20 inclusivement. Les Plénipotentiaires japonais ont fait porter exclusivement la discussion sur la partie purement matérielle du traité, cherchant à bien tout préciser, à pousser la clarté jusqu'à l'évidence; et, pour obtenir ce résultat, ils n'ont pas craint de tomber dans des pléonasmes continuels. Il semblait qu'une secrète pensée les agitait; et derrière chaque expression, dans chaque terme, ils paraissaient chercher si une embûche ou un piège caché ne leur était pas tendu par les puissances européennes, et ils s'efforçaient de conjurer le péril. Les Plénipotentiaires du Taïcoun ont paru encore troublés par une autre préoccupation, celle de voir les Japonais, à la faveur du traité, sortir de leur pays, et visiter les royaumes étrangers. Ainsi, dans l'article 8, où il est dit que les Français résidant au Japon pourront prendre à leur service des sujets japonais, ils ont demandé qu'à la place de l'expression *prendre à leur service*, qu'ils trouvaient trop vague, on mit le terme *louer*, qui pour eux n'impliquerait pas la faculté donnée au Français quittant le pays d'emmener avec eux leurs serviteurs japonais. Quant aux pilotes, ils ont reconnu parfaitement aux navires étrangers le droit d'en prendre un pour les guider en dehors du port: mais ils ont demandé qu'il n'allât pas trop loin, et qu'il s'arrêtât à la sortie des passes; dans la crainte que cet individu se trouvant en dehors de l'action de la police japonaise, n'en profitât pour se soustraire à l'action directe du Gouvernement de l'Empire.

La clause concernant l'abolition par le gouvernement japonais de l'odieuse pratique qui consistait à fouler aux pieds l'emblême du Christianisme a été également pour eux le sujet de quelques observations. Ils ont déclaré que cette pratique ayant cessé d'exister au Japon, il était parfaitement inutile d'en demander l'abolition; et ils ne se sont point opposés à constater le fait dans le traité et à y insérer le paragraphe suivant à la fin de l'article 4: — «Le «Gouvernement japonais a déjà aboli dans l'Empire les pratiques «injurieuses au Christianisme».

Cette clause, omise dans le traité Anglais, se trouvait déjà dans le traité américain.

Les Plénipotentiaires japonais, dans la discussion de ce même article 4, ont demandé que le cimetière des Français fut établi dans l'enceinte du cimetière japonais. Aucune décision n'a été prise à ce sujet. Quant aux églises et autres édifices du culte, ils n'ont point élevé de difficulté; mais ils ont demandé qu'il fut bien spécifié que c'était seulement dans l'emplacement qui serait fixé pour la résidence des étrangers que ces édifices seraient construits.

La séance a été levée à 5 heures, et les Plénipotentiaires sont convenus de se réunir le lendemain 30 sept., à deux heures. Mais, au moment de quitter la Bonzerie, les Commissaires japonais ont fait demander au Plénipotentiaire de France, et sans lui en faire connaître le motif, de vouloir bien remettre la séance au surlendemain 1er octobre. On a su dans la soirée que le 30, l'Empereur sortirait pour la première fois depuis la mort de son prédécesseur, et irait, accompagné par tous les grands dignitaires de Yedo, offrir des sacrifices dans un temple situé à quelque distance de la ville.

Yedo, le 29 septembre 1858[1]).

(Sig.) Mis de Moges.

VII.

Procès-verbal de la 4e Séance des Conférences tenues à Yedo. 4e Conférence de Yedo.[2])

Le 1er Octobre 1858.

Tous les Plénipotentiaires étant réunis, la séance a été ouverte à une heure. Les Plénipotentiaires japonais ont adopté sans difficulté l'article 21 du projet de traité; mais une assez longue discussion s'est élevée sur l'article 22. Ils ont apporté à la Conférence une rédaction de cet article modifié par eux, dans lequel ils ne s'écartent point du projet Français relativement à la signature du traité et à l'échange des ratifications, mais où ils posent nettement en principe qu'en cas de dissidence le texte japonais fera foi pour les deux parties. Le Baron Gros a déclaré cette prétention inacceptable. Il a l'ordre formel de son Gouvernement, a-t-il dit, de demander au contraire que ce soit le texte français qui soit l'original; il a même fait adopter cette clause dans son traité avec la Chine. Mais, en vertu de ces pouvoirs extraordinaires, il croit devoir prendre sur lui de ne point exiger la même chose dans le traité avec le Japon; à la condition toutefois que cette clause soit passée sous silence. Alors, par le seul fait des choses, ce serait le texte français qui ferait foi pour les Français, et le texte japonais pour les Japonais; et, en cas de contestation, l'agent diplomatique Français et le Gouvernement japonais résoudraient à l'amiable la difficulté, en prenant pour arbitre à ce sujet les textes hollandais qui ont été reconnus

1) Publié avec des variantes par Chassiron, pp. 157—159.

2) Publié avec des variantes par Chassiron, pp. 159—164.

par l'Angleterre et par les Etats-Unis d'Amérique comme les textes originaux des traités anglais et américain.

Les Plénipotentiaires japonais ont répondu que la partie n'était pas égale entre eux et le Plénipotentiaire français, puisque ce dernier avait un interprète très habile, et qu'il pouvait en conséquence contrôler le texte japonais; tandis qu'eux n'avaient aucun moyen de contrôler le français. Ils ont proposé de faire traduire le plus exactement possible et mot à mot par leur Secrétaire Moriama Yenoski le texte japonais du traité en hollandais; et que cette version hollandaise fasse foi en cas de dissidence. Le Baron Gros a fait remarquer que lui à son tour n'avait aucun moyen de contrôle, et se trouverait ainsi entièrement à leur discrétion, puisqu'il n'avait personne auprès de lui qui sut le Hollandais. Il a proposé une autre solution. Le traité Français étant presque identique au traité anglais, le Baron Gros a suggéré aux Plénipotentiaires japonais l'idée de s'en référer d'une manière pleine et entière, en cas de dissentiment, à la version hollandaise du traité anglais.

Cette proposition n'a pas été agréée par les Plénipotentiaires du Taï-coun. Cette version hollandaise, ont-ils dit, n'a point été faite pour la France; elle se rapporte à un traité qui n'est pas celui de cette puissance; d'ailleurs, s'il n'y a point de différences essentielles, il y en a dans l'ordre des articles; et ils ont repoussé cette proposition du Plénipotentiaire Français.

Le Baron Gros a demandé alors de nouveau d'éluder la difficulté, en passant cette clause sous silence.

Les Plénipotentiaires japonais ont insisté, et ont déclaré que le traité sans une clause spéciale à ce sujet ne serait pas complet pour eux.

Le Plénipotentiaire français a dit alors qu'il ne voyait pas d'autre manière de sortir de cette difficulté, que d'envoyer un de ses bâtiments à Simoda pour chercher l'interprète hollandais du Consul américain, dont on lui avait offert les services, mais que cela occasionnerait évidemment un assez long retard dans la négociation.

Les Plénipotentiaires japonais et le Plénipotentiaire français ne pouvant pas s'entendre à ce sujet, il a été convenu que l'on remettrait la discussion définitive de cet article au lendemain, et l'on a procédé à l'examen des réglements commerciaux qui doivent être annexés au traité.

Les Plénipotentiaires japonais ayant commencé à appliquer à cette partie purement technique du traité leur esprit de défiance et de ponctualité minutieuse et ombrageuse, le Baron Gros leur a déclaré que, pour activer les négociations, il consentait à adopter littéralement le texte japonais du traité anglais. Tous ces réglements de douane, d'entrée et de sortie des bâtimens, de saisie et de confiscation, a-t-il dit, ont déjà été acceptés par le Japon dans les deux traités qu'il a signés avec l'Angleterre et l'Amérique. Il demande identiquement la même chose; dès lors, à quoi bon une discussion nouvelle et inutile?

Les Plénipotentiaires japonais, après un certain moment d'hésitation, ont déclaré condescendre au désir du Plénipotentiaire français.

Le Baron Gros leur a fait connaître alors qu'il acceptait également le tarif adopté par Mr. Harris et Lord Elgin. Mais qu'il demandait seulement que les vins de France ne fussent pas compris dans les liqueurs enivrantes soumises au droit prohibitif de 35 °/₀. Il leur a fait observer que les Anglais, les Américains et les Russes n'avaient pas fait mention des vins dans leur traité, parce que leurs contrées n'en produisaient point, tandis que la France était le pays producteur de vin par excellence, et en fournissait à tous les autres pays; que d'ailleurs, il était évident que par liqueurs enivrantes on avait voulu dire seulement les alcools et autres produits analogues dangereux pour la santé, et nullement les vins qui ne peuvent être nuisibles que pris en grande quantité. Le Baron Gros a demandé aux Plénipotentiaires de combler cette lacune, en insérant une clause qui placerait les vins de France dans la quatrième classe des marchandises qui payent un droit de 20 %.

Les Plénipotentiaires japonais ont fait observer que c'était la première fois qu'ils entendaient dire que l'Angleterre, l'Amérique et la Russie ne produisaient pas de vins, et que, quoique ne doutant point de la parfaite exactitude du fait, ils désireraient en avoir la confirmation de la bouche même d'une personne appartenant à l'un de ces Etats.

Le Baron Gros leur a demandé alors de quelle source provenait cette clause, et si c'était à la demande de Mr Harris, membre probablement de quelque société de tempérance, ou du Gouvernement japonais que ce droit prohibitif de 35 % avait été imposé sur les liqueurs enivrantes. Les Plénipotentiaires ont répondu que c'était sur l'initiative du Plénipotentiaire Américain que cette clause avait été insérée.

Eh! bien! leur a dit le Plénipotentiaire Français, voici la meilleure preuve que l'Amérique ne produit pas de vins! Tout autre témoignage est inutile!

Le Baron Gros a ajouté que le droit de 35 % étant complètement prohibitif, les Japonais ne boiraient probablement plus de vin de Champagne, ni de vin de Bordeaux, que lors qu'ils recevraient la visite de bâtiments de guerre européens.

Cette observation a donné un instant à réfléchir aux Plénipotentiaires japonais. Ils ont immédiatement sacrifié le vin de Bordeaux; mais, à propos du vin de Champagne, une conversation assez animée a eu lieu entre eux. Enfin, le premier Plénipotentiaire, prenant la parole au nom de ses collègues, a déclaré nettement et d'une manière assez sèche, qu'il ne voyait aucun motif pour rien changer au tarif déjà adopté par l'Amérique, l'Angleterre et la Russie; qu'il n'était point suffisamment édifié sur la question; et que, si le besoin des vins français se faisait sentir au Japon, il serait temps de changer le tarif au bout de cinq ans, quand arriverait le moment où le Gouvernement japonais aura le droit d'apporter au tarif projeté telles modifications que l'expérience lui aurait fait juger nécessaires. Il a ajouté que le Japon se suffisait parfaitement à lui-même, qu'il avait ses vins; et quand bien même il ne lui viendrait point de vins étrangers, il ne s'en trouverait pas plus mal!

Le Baron Gros a rappelé alors que l'on avait accordé à Lord Elgin une faveur toute spéciale en ne faisant porter qu'un droit de 5 °/₀ sur les produits anglais manufacturés de laine et de coton, clause qui pouvait être fort nuisible à l'industrie japonaise; tandis qu'on lui refusait un abaissement de droits peu considérable sur les vins de France qui ne seraient jamais qu'un objet de luxe, accessible seulement à l'aristocratie japonaise, et incapable de porter préjudice à la production nationale. Il a ajouté qu'un droit de 20 °/₀ était encore un droit presque prohibitif, et que cependant il s'en déclarerait satisfait. Mais ses arguments sont venus se heurter contre l'aveugle opiniâtreté des Plénipotentiaires japonais, décidés à ne plus faire la moindre concession aux puissances européennes, en dehors des points déjà accordés.

Le Plénipotentiaire français a levé alors la séance à 5 heures du soir, et l'on est convenu de se réunir le lendemain, 2 octobre, dans l'après-midi, pour se concerter sur la nouvelle rédaction à donner à l'article 22.

Yedo, le 1er Octobre 1858.

(sig.) Mis. de Moges.

VIII.

Le 2 octobre 1858.

Procès-verbal de la 5e séance des Conférences tenues à Yedo. 5e Conférence de Yedo. 1)

Tous les Membres qui composent la Conférence étant réunis, la séance a été ouverte à 4 heures moins $^1/_4$. L'on a repris l'examen de l'article 22, sur la rédaction duquel l'on n'avait pas pu s'entendre dans la séance précédente. La nouvelle rédaction de l'article, proposée par le Baron Gros, a été adoptée par les Plénipotentiaires japonais. Voici le texte de cet article ainsi modifié:

«..... Il est convenu entre les hautes parties contractantes «qu'au moment où le traité sera signé, le Plénipotentiaire français «remettra aux Plénipotentiaires japonais deux textes en français du «présent traité, comme, de leur côté, les Plénipotentiaires japonais «remettront au Plénipotentiaire de France deux textes en japonais. «Ces quatre documents ont le même sens et la même portée; mais, «pour plus de précision, il a été convenu qu'il serait annexé à «chacun d'eux une version en langue hollandaise, qui en serait la «traduction exacte, attendu que, de part et d'autre, cette langue «peut être facilement comprise, et il est également convenu que «dans le cas où une interprétation différente serait donnée au même «article, français et japonais, ce serait alors la version hollandaise «qui ferait foi.

«Il est aussi convenu que la version hollandaise ne différera en «aucune manière, quant au fond, des textes hollandais qui font «partie des traités conclus récemment par le Japon avec les Etats-«Unis d'Amérique, l'Angleterre et la Russie.»

Les Plénipotentiaires Japonais ont demandé dans quelle langue

---

1) Chassiron, p. 164, se borne à donner le résumé suivant de cette séance: «Tous les Commissaires sont présents; on est revenu sur la discussion de l'art. 22, il a été maintenu conforme à la première rédaction; il a été décidé que le Traité serait signé el 9, limite de temps indispensable pour faire les traductions.»

aurait lieu l'échange des ratifications. Le Baron Gros leur a répondu qu'il ne pouvait y avoir de doute à ce sujet, que les ratifications étaient toujours précédées de textes écrits dans les idiomes employés dans l'instrument original, et qu'elles auraient donc lieu en français, japonais et hollandais.

Les Plénipotentiaires japonais se sont déclarés satisfaits de cette explication: mais ils ont soulevé quelques difficultés sur la remise à faire au Plénipotentiaire de France des textes japonais.

«Ce que vous demandez, ont-ils dit, est impossible. Il est de règle invariable au Japon que le peuple doive ignorer les affaires publiques, que les choses sérieuses lui soient cachées. Si l'on vous remettait deux textes japonais, vous pourriez les montrer au peuple, et agir ainsi contre la politique du Taï coun.»

Le Plénipotentiaire de France, un peu étonné de cette objection dans laquelle se révélait la politique toute entière du Gouvernement japonais, a fait observer aux représentants du Taï coun que la partie ne serait pas égale entre le Japon et la France, s'il leur remettait deux exemplaires français du traité, et qu'il ne reçut pas d'exemplaires Japonais en échange; qu'il n'accepterait jamais un traitement inégal entre les deux pays; que d'ailleurs c'était le texte japonais qui engageait le Japon envers la France, comme c'était le texte français qui, déposé dans les Archives du Japon, y rendait obligatoire pour la France les clauses du traité; qu'en outre, il ne voyait pas l'avantage de cacher au peuple japonais les stipulations d'un traité d'amitié et de commerce, fait dans son intérêt, et dont il serait, sous peu de temps le principal acteur; que le traité conclu avec la France créait au peuple japonais de nouveaux droits et de nouveaux devoirs; et que les lui laisser ignorer, c'était ne pas le mettre à même de profiter des stipulations du traité, et empêcher la convention conclue avec la France de porter ses fruits; — et qu'enfin, il était peu probable que la remise des deux textes japonais au Plénipotentiaire de France constituât pour le Japon un grand mode de publicité: les deux exemplaires devant être conservés aux Archives du Ministère des Affaires étrangères, à Paris. Le Baron Gros a terminé, en exprimant aux Plénipotentiaires toute sa surprise d'un principe de politique intérieure si contraire à tout ce qui se pratique en Europe.

Les représentants du Taïcoun ont fait observer que c'était pour eux un principe invariable de Gouvernement; que le peuple japonais devait à cet isolement absolu des affaires le bonheur et la tranquillité dont il jouissait depuis des siècles; et ils ont proposé un moyen terme. Ce serait d'insérer dans le texte japonais des caractères bonziques, ainsi nommés parce que les Bonzes s'en servent pour en imposer au peuple, caractères qui n'ont point de sens en eux-mêmes, mais qui sont destinés à éblouir le vulgaire, et à dissimuler à ses yeux le véritable sens de la rédaction. On ne saurait mieux les comparer qu'à ces nombres sans signification que l'on insère en Europe dans les dépêches chiffrées pour dérouter les investigations.

Le Baron Gros s'étant convaincu que les textes japonais du traité anglais avaient été livrés à Lord Elgin dans ces conditions, et M^r^. Eugène Mermet ayant déclaré connaître parfaitement les caractères des Bonzes, il a été convenu que les deux textes japonais qui seraient donnés à la France seraient écrits en langue vulgaire avec des intercalations en caractères bonziques, tandis que les deux textes japonais qui devaient rester au Japon seraient écrits en caractères ordinaires seulement. Il n'y avait nul inconvénient à adopter ce système de procéder, puisqu'en définitive le texte vulgaire japonais serait signé par les Plénipotentiaires des deux nations, et que d'ailleurs ce serait la version Hollandaise qui établirait réellement les droits et les devoirs réciproques. Le Baron Gros a donc accepté ce singulier arrangement, nouveau sans doute dans les annales de la diplomatie.

Cet incident étant vidé, les Plénipotentiaires japonais ont déclaré n'avoir plus d'observation à faire sur le projet de traité que leur avait remis le Plénipotentiaire français, et ils ont dit l'adopter dans son ensemble. On est donc convenu de procéder le plus promptement possible à la signature du traité, et, pour maintenir le système d'égalité qui avait présidé aux conférences, il a été décidé sur la proposition du Plénipotentiaire de France que les Japonais fourniraient les quatre textes en Hollandais et deux textes en japonais, tandis que le Plénipotentiaire français fournirait les quatre textes en Français et deux textes en japonais. Il a été convenu en outre que, dans les textes français, ce serait l'Empereur des Français qui serait nommé le premier, et le Baron Gros qui signerait avant les six Plénipotentiaires; tandis que, dans les textes japonais, S. M. le Taïcoun serait nommé le premier, et les six Plénipotentiaires apposeraient leur signature avant celle du Plénipotentiaire de France. Quant aux textes hollandais, S. M. l'Empereur des Français serait nommé le premier dans deux des exemplaires du traité, et S. M. le Taïcoun dans les deux autres.

Le Plénipotentiaire français a clos la séance sans ajournement fixe; et les Plénipotentiaires respectifs sont convenus de se réunir de nouveau, dès qu'il serait possible de procéder à la signature du traité.

La séance a été levée à 5 heures $^1/_4$.

Yedo, le 2 octobre 1858.

(Sig.) Mis. de Moges.

IX.

Le Baron Gros au Cte Walewski, Min. Sec. d'Etat au Dép. des Af. étrangères.

Yedo, le 10 octobre 1858.

Monsieur le Comte,

J'ai l'honneur d'annoncer à V. E. que le 9 de ce mois, j'ai signé avec les Plénipotentiaires japonais le traité de paix, d'amitié et de commerce dont j'ai eu l'honneur de lui parler dans ma dernière dépêche. J'ai entre les mains deux textes originaux du traité en français, deux en japonais vulgaire, deux en japonais compris seulement par les bonzes et les autorités de l'Empire, et enfin deux textes en hollandais.

Obligé d'employer cette dernière langue comme ont dû le faire les Plénipotentiaires qui avant moi ont négocié des traités avec le Japon, j'ai dû forcément me servir de l'interprète japonais Moriama Yénoski, homme d'une haute intelligence cité par le Commodore Perry, et dont M^r^. Harris, le Comte Poutiatine et Lord Elgin ont réclamé les services.

J'ai eu l'honneur de faire connaître à V. E. qu'il ne m'avait pas été possible, comme je l'aurais voulu, d'éviter de donner à une langue étrangère aux deux parties contractantes, le caractère de texte légal destiné à résoudre les diverses interprétations qui pourraient surgir de la mise à exécution du traité; mais, sans interprète qui pût m'aider à établir un texte hollandais et ne pouvant pas me dispenser de l'avoir j'ai dû nécessairement m'en rapporter à la bonne foi de Moriama, tout en insérant cependant dans le traité que ce texte hollandais ne pourrait en aucune manière différer, quant au fond, des textes hollandais qui font partie des traités conclus par le Japon avec les Etats-Unis, l'Angleterre et la Russie.

Malgré cette clause, je crois bien faire en ne quittant pas le Japon sans m'être assuré que le texte hollandais est bien la traduction exacte de la Convention que j'ai conclue avec le Japon, et, en retournant à Chang-haï, je passerai à Nagasaki, où M^r^. Donker, le chef de la factorie hollandaise de Desima, aura, je n'en doute pas, l'obligeance de m'en faire une traduction littérale française.

Après la signature du traité, les Plénipotentiaires japonais m'ont offert de la part de l'Empereur quarante trois rouleaux des plus belles étoffes de soie qui se fabriquent dans ce pays; dix m'étaient destinés, et les autres devaient être partagés ce qui a eu lieu, entre les Commandants du *Laplace* et du *Prégent*, l'interprète Mr. Mermet, et les six secrétaires ou attachés composant le personnel de la Mission. Il m'était impossible de refuser, bien que je n'eusse rien à donner à mon tour, mais les Plénipotentiaires ont rendu mon acceptation plus facile en me demandant en même temps et au nom de l'Empereur de vouloir bien céder, au prix que j'y mettrais, quelques armes de précision qu'ils désiraient avoir pour modèle et qu'ils savaient avoir été inventées par un officier français. J'ai vivement insisté auprès de M. le Commandant du *Laplace* pour qu'il mît à ma disposition, au moins six carabines à tige, afin qu'il me fût possible de me rendre aux désirs de l'Empereur, mais M. de Kerjégu m'a opposé les réglements de la Marine, et m'a donné connaissance d'une ordonnance de M. l'Amiral Hamelin, qui défendait une cession de cette nature sans une autorisation préalable de sa part. La défense n'étant donc pas entièrement absolue et la position dans laquelle je me trouvais étant toute exceptionnelle, j'ai dû insister de nouveau en prenant sur moi toute la responsabilité de cette affaire et j'ai écrit au Commandant du *Laplace* la lettre dont je joins ici une copie. Je n'aurais pas pu, sans nuire à notre considération et sans honte pour moi, refuser à l'Empereur six fusils qu'il voulait avoir et cela au moment où il venait de consentir à nous traiter sur le même pied que l'avait été Lord Elgin, malgré la position si différente dans laquelle nous nous étions présentés l'un et l'autre à Yedo. Je crains que le Département de la Marine qui ne voit jamais avec plaisir ses bâtiments et ses officiers placés sous l'action dirigeante des agents diplomatiques, n'adresse de vifs reproches à M. le Commandant du *Laplace* qui a cédé enfin à la demande officielle que je lui ai faite, et je prie V. E. de vouloir bien expliquer à M. l'Amiral Hamelin la position réelle dans laquelle je me suis trouvé; il va sans dire que je ne déclinerai pas la responsabilité morale et matérielle d'un acte que dans l'intérêt du service et par de hautes convenances, j'ai dû prendre toute entière sur moi.

Ce présent de six carabines Minié a été reçu avec une vive satisfaction et ce n'est pas un des épisodes les moins curieux de l'intéressante mission qui m'a été confiée que de voir un capitaine de frégate de la Marine Impériale ranger dans le jardin de l'une des bonzeries de Yedo, où flotte le drapeau tricolore, quelques-uns de ces intelligents et adroits Japonais, qui après avoir reçu quelques explications et en imitant l'un de nos marins, habile à manier les armes, ont fait l'exercice de la carabine avec une précision vraiment remarquable.

Je compte quitter Yedo demain ou après-demain pour me rendre à Nagasaki. Mais ce ne sera qu'à Chang-hai, où je serai probablement à la fin du mois et où je trouverai des dépêches de V. E., que je pourrai connaître la marche que j'aurai à suivre pour mon retour en Europe, puisqu'à moins d'ordres contraires nouvellement arrivés, ma double mission en Chine et au Japon se trouve heureusement terminée.

Veuillez agréer, etc.

(Sig.) Bon Gros.

3 annexes:

1. Lettre au Commandant du *Laplace*.
2. Procès verbal de la sixième conférence de Yedo.
et 3. Lettre d'adieu au Ministère des Affaires étrangères.

X.

A M. de Kerjégu, Commandant de la corvette à vapeur le *Laplace*. 1e annexe.

Yedo, le 10 octobre 1858.

Monsieur le Commandant,

Hier, après la signature du traité que j'ai conclu au nom de la France, le premier Plénipotentiaire japonais m'a exprimé au nom du Taïcoun, le désir d'avoir un modèle des armes de précision qu'il avait vues à bord du *Laplace*, et il m'a offert au nom de son Gouvernement de me faire remettre la valeur de celles que je voudrais bien lui céder. J'ai répondu à ce haut fonctionnaire qu'à bord des bâtiments de la Marine Impériale, rien ne devait être vendu, mais que je vous transmettrais la demande faite au nom de l'Empereur, et que bien qu'il fût difficile de se défaire d'une arme quelconque appartenant aux arsenaux de l'Etat, je croyais pouvoir lui dire d'avance qu'il devait compter sur ce qu'il me serait possible de faire pour me rendre au vœu du Gouvernement japonais.

Je savais que les réglements de la Marine s'opposent à la cession d'une arme quelconque appartenant à l'Etat, et la circulaire de S. E. M. l'Amiral Hamelin, que vous avez bien voulu me communiquer, ne peut me laisser aucun doute à sujet. Mais dans la position tout exceptionnelle où je me trouve, je n'hésite pas, malgré cette circulaire et en prenant toute responsabilité sur moi, à vous prier de vouloir bien me permettre de disposer de six carabines à tige, que je m'engage à faire rentrer dans les arsenaux de la Marine à mon retour en France, ou avant même cette époque s'il est possible puisque j'en écrirai immédiatement au Département des Affaires étrangères.

Lord Elgin comme vous le savez a pu faire de magnifiques présents au Gouvernement japonais. Malheureusement je n'ai rien à lui donner, et si après avoir conclu un traité favorable et avoir reçu de l'Empereur quelques marques de bienveillance que nous n'avons pas pu refuser, il m'était impossible de lui donner les six fusils qu'il me demande de lui vendre comme modèle, nous quitterions le Japon en y laissant une fâcheuse impression, difficile peut-être plus tard à faire disparaître.

Je vous demande donc, M. le Commandant, et sous ma responsabilité, de vouloir bien, si l'armement du *Laplace* n'en souffre pas, me faire remettre six carabines Minié avec quelques cartouches que je voudrais envoyer aujourd'hui même au Plénipotentiaire qui m'a exprimé le désir de l'Empereur.

Je serais vivement peiné si vous pensez ne pas pouvoir acquiescer à une demande que je fais dans un intérêt dont vous comprenez facilement la valeur, et il me semble impossible que le Gouvernement de l'Empereur puisse ne pas approuver cette légère infraction aux régles établies et que notre position actuelle semble impérieusement commander.

Veuillez, etc.

(Sig.) Bon Gros.

XI.

Le 9 octobre 1858.

Procès verbal de la 6e Séance des Conférences tenues à Yedo. 2e annexe.

Les divers exemplaires français, japonais et hollandais du traité étant terminés, les six Plénipotentiaires du Taïcoun et l'Ambassadeur de France sont convenus de se réunir le samedi, 9 octobre, dans la Bonzerie assignée comme demeure à la mission, pour procéder à la signature de cette première convention conclue entre la France et le Japon. La séance avait été fixée pour une heure; mais, au moment d'entrer en conférence, un dernier scrupule a agité les négociateurs japonais, et ils ont fait demander à la Cour s'il fallait donner au traité la date de la nouvelle ère du jeune Taïcoun, ou continuer l'ère ancienne du Taïcoun défunt. Cette dernière décision a été prise, et le traité franco-japonais portera la date du 3e jour du 9e mois de la 5e année du Nengo-Anchei, dite l'année du Cheval.

Les Plénipotentiaires respectifs étant alors tous réunis, la séance a commencé à 3 heures ½. Le Baron Gros a apposé le premier son cachet et sa signature sur les quatre exemplaires français et sur deux des textes hollandais, tandis que les Plénipotentiaires japonais inscrivaient avec leur pinceau sur les textes en langue japonaise le caractère qui compose leur signature.

L'échange des différents textes du traité a ensuite eu lieu. Le Baron Gros a remis deux exemplaires en langue française aux négociateurs japonais qui lui ont offert, de leur côté, deux exemplaires en langue japonaise. Les représentants du Taïcoun ont déclaré se contenter d'un seul texte Hollandais, et en ont donné deux au négociateur français. Faisant en outre acte de courtoisie, ils ont offert au Baron Gros, indépendamment des deux textes en caractères bonziques, deux textes en langue japonaise vulgaire: ce qui, rapproché de leur violente opposition à cette remise pendant la dernière séance, impliquait de leur part une intention bien marquée de prévenance et de politesse.

S. E. le Baron Gros a pris alors la parole, et, après s'être félicité de l'heureuse solution des conférences de Yedo, il a exprimé hautement son espoir de voir ces relations si heureusement commencées entre le Japon et la France devenir de jour en jour plus intimes et plus amicales. Il a parlé des sentiments bienveillants qui animent l'Empereur des Français envers le Souverain du Japon et a adressé aux six Plénipotentiaires tous ses voeux pour la prospérité du nouveau règne qui venait de commencer.

Les représentants du Taïcoun ont remercié l'Ambassadeur de France de sa bienveillance envers leur pays et envers leur jeune souverain, et ont déclaré avoir une demande à adresser au nom du Taïcoun au Plénipotentiaire français. Ils ont sollicité de lui la cession de quelques armes de précision que l'Empereur désirait avoir comme modèle, parce qu'il savait qu'elles avaient été inventées par un officier français.

Le Baron Gros a répondu que ce qu'ils demandaient était contraire aux réglements de la marine française, qui ne permettent pas que les armes de l'Etat soient vendues, mais qu'il prendrait sur lui toute responsabilité, et ferait son possible pour que, dès le lendemain matin, six carabines à tige fussent remises gratuitement à l'officier japonais qui viendrait les prendre.

Le Plénipotentiaire français a proclamé alors la clôture des conférences, et les Plénipotentiaires japonais, en se retirant, ont invité l'ambassadeur à venir voir dans la galerie les présents que lui envoyait l'Empereur du Japon, et qui se composaient de rouleaux d'étoffe de soie pour lui, pour les Commandants des bâtiments, pour les Secrétaires, les attachés et l'interprète de la mission.

Yedo, le 9 octobre 1858.
(Sig.) Mis. de MOGES.

XII.

Le B^on^. Gros aux Membres composant le Ministère des Affaires étrangères, à Yedo. 3e et dernière annexe.

A LL. EE. les Hauts Fonctionnaires chargés du Département des Affaires Etrangères, etc., etc., etc.

Le Soussigné, etc., etc., a l'honneur d'informer LL. EE., bien qu'elles le sachent déjà, qu'il a signé hier, 9 de ce mois, avec LL. EE. les Six Plénipotentiaires de S. M. l'Empereur du Japon, un traité de paix, d'amitié et de commerce, destiné, dans l'intérêt des deux nations, à établir entre elles des relations aussi utiles que bienveillantes.

Au moment de quitter Yedo, le Soussigné doit remercier LL. EE. de l'accueil qui lui a été fait au Japon tant à Simoda que dans la capitale, et il eut été heureux de pouvoir mettre personnellement aux pieds du jeune souverain auquel sont confiées les destinées de l'Empire, l'hommage de son profond respect comme aussi l'expression de sa reconnaissance pour les marques de bienveillance qui lui ont été données par ordre de S. M. Mais on lui a fait connaître que par suite du deuil que porte en ce moment l'Empire tout entier, les coutumes du pays ne lui permettraient pas d'être admis devant l'Empereur; il respecte donc les usages établis, et sans oser demander une audience de congé, il prie LL. EE. de vouloir bien faire parvenir aux pieds du Trône, et l'hommage de son profond respect et l'assurance de toute sa gratitude.

Le Soussigné n'oubliera pas l'accueil qui lui a été fait au Japon; il le fera connaître à son Gouvernement, et tout envoyé du Taïcoun qui arrivera en France, y acquerra bientôt la preuve que le Gouvernement de l'Empereur désire vivement voir s'établir entre les deux pays les relations les plus amicales. Le Soussigné croit pouvoir dire aussi que S. M. l'Empereur Napoléon fait les vœux les plus sincères pour le bonheur de S. M. le Taïcoun et la prospérité de l'Empire confié à ses soins.

Le Soussigné saisit cette occasion pour faire connaître à LL. EE. les voeux qu'il fait pour que la félicité les accompagne.

Yedo, le 10 octobre 1858.

(Sig.) Bon Gros.

XIII.

Lettre du Bon Gros au Cte Walewski.

Chang-hai, le 5 novembre 1858.

Monsieur le Comte.

J'ai quitté Yedo le 11 octobre dernier et je suis arrivé à Nagasaki le 16, j'y ai séjourné jusqu'au 22. J'en suis parti ce jour là, à onze heures du matin, et le dimanche 24 je suis arrivé à Chang-haï....

L'accueil qui m'a été fait à Nagasaki à été aussi bienveillant, aussi cordial que celui que j'ai reçu à Simoda et à Yedo; mêmes visites, mêmes banquets, mêmes présents échangés, et je n'ai eu qu'à me louer sous tous les rapports de M. Donker Curtius, le chef néerlandais de la factorerie de Desima; M. Reed, le Plénipotentiaire des Etats-Unis était parti depuis quelques jours pour retourner à Chang-haï, mais le Commodore américain Tattnall, avec les frégates à vapeur le *Powhatan* et le *Mississipi* s'y trouvaient au mouillage.

M. Donker a bien voulu, à ma demande faire faire une traduction littérale de la version hollandaise rédigée à Yedo par Moriama Zenoski, l'interprète japonais.....

M. de Moges, que j'envoie à Paris porter à V. E. l'un des deux exemplaires de l'instrument orginal du traité que j'ai signé avec le Japon, le 9 du mois dernier.....

APPENDICE.

Traité entre la France et le Japon.[1])

Sa Majesté l'Empereur des Français et Sa Majesté l'Empereur du Japon, voulant établir entre les deux Empires les rapports les plus intimes et les plus bienveillans, et faciliter les relations commerciales entre Leurs sujets respectifs, ont résolu, pour régulariser l'existence de ces relations, pour en favoriser le développement et en perpétuer la durée, de conclure un Traité de paix, d'amitié et de commerce basé sur l'intérêt réciproque des deux pays, et ont, en conséquence, nommé pour leurs Plénipotentiaires, savoir:

Sa Majesté l'Empereur des Français, le sieur Jean Baptiste-Louis, baron Gros, grand-officier de l'ordre impérial de la Légion d'honneur, etc. etc. etc.

Et Sa Majesté l'Empereur du Japon, Midzuno Chikugo no Kami; Nagai Genba no Kami; Inouye Shinano no Kami; Hori Oribe no Sho; Iwase Higo no Kami et Nonoyama Shozô.

Lesquels, après s'être communiqué leurs pleins pouvoirs, trouvés en bonne et due forme, sont convenus des articles suivants:

I.

Il y aura paix perpétuelle et amitié constante entre Sa Majesté l'Empereur des Français ses héritiers et successeurs, et Sa Majesté l'Empereur du Japon, comme aussi entre les deux Empires, sans exception de personnes ni de lieux. Leurs sujets jouiront tous également, dans les états respectifs des Hautes Parties contractantes, d'une pleine et entière protection pour leurs personnes et leurs propriétés.

II.

Sa Majesté l'Empereur des Français pourra nommer un agent diplomatique qui résidera dans la ville d'Yedo, et des consuls ou agents consulaires qui résideront dans les ports du Japon qui, en vertu du présent traité, sont ouverts au commerce français.

L'Agent diplomatique et le Consul général de France au Japon auront le droit de voyager librement dans toutes les parties de l'Empire.

Sa Majesté l'Empereur du Japon pourra, de son côté, envoyer un Agent diplomatique qui résidera à Paris, et des consuls ou des Agents consulaires qui résideront dans les ports de l'Empire français.

---

1) Signé à Yedo, le 9 Octobre 1858. Ratifications échangées à Yedo, le 22 Septembre 1859.

L'Agent diplomatique et le Consul-général du Japon en France auront le droit de voyager librement dans toutes les parties de l'Empire français.

III.

Les villes et ports de *Hakodate*, *Kanagawa* et *Nagasaki*, seront ouverts au commerce et aux sujets français, à dater du 15 août, 1859, et les villes et ports dont les noms suivent le seront aux époques déterminées ci-après:

Ni-i-gata, ou, si cette ville n'a pas un port d'un accès convenable, un autre port situé sur la côte ouest de Nipon, sera ouvert à dater du 1er janvier 1860, et *Hiogo*, à partir du 1er Janvier 1863.

Dans toutes ces villes et dans leurs ports, les sujets français pourront résider en permanence dans l'emplacement déterminé à cet effet: ils auront le droit d'y affermer des terrains, et d'y acheter des maisons, et ils pourront y batir des habitations et des magasins; mais aucune fortification ou place forte militaire n'y sera élevée sous prétexte de construction de hangars ou d'habitations, et, pour s'assurer que cette clause est fidèlement exécutée, les autorités japonaises compétentes auront le droit d'inspecter de temps à autre les travaux de toute construction qui serait élevée, changée ou réparée dans ces lieux.

L'emplacement que les sujets français occuperont et dans lequel ils pourront construire leurs habitations sera déterminé par le consul français, de concert avec les autorités japonaises compétentes de chaque lieu; il en sera de même pour les règlemens de port; et si le Consul et les autorités locales ne parviennent pas à s'entendre à ce sujet, la question sera soumise à l'Agent diplomatique français et aux autorités japonaises qui la termineront de commun accord.

Autour des lieux où résideront les sujets français, il ne sera élevé ni placé par les autorités japonaises ni mur, ni barrière, ni clôture, ni tout autre obstacle qui pourrait entraver la libre sortie ou la libre entrée de ces lieux.

Les sujets français seront libres de se rendre où bon leur semblera dans l'enceinte formée par les limites désignées ci-après:

De Kanagawa, ils pourront se rendre jusqu'à la rivière Logo qui se jette dans la baie de Yedo entre *Kawasaki* et *Sinagawa*, et dans toute autre direction, jusqu'à une distance de dix *ris*.

D'Hakodate, ils pourront aller, à une distance de dix *ris*, dans toutes les directions.

De Hiogo à dix *ris* aussi dans toutes les directions, excepté vers *Kioto*' ville dont on ne pourra s'approcher qu'à une distance de dix *ris*. Les équipages des batiments français qui se rendront à *Hiogo* ne pourront pas traverser la rivière Inagava qui se jette dans la baie de Setsu entre *Hiogo* et *Osaka*.

Ces distances seront mesurées par terre, à partir du Goyosso ou Yacousio de chacun des ports sus-nommés; le *ri* équivalant à 3.910 mètres.

A *Nagasaki*, les sujets français pourront se rendre partout dans le domaine Impérial du voisinage.

Les limites de *Ni-i-gata* ou du port qui pourrait lui être substitué, seront déterminées par l'agent diplomatique français, de concert avec les autorités compétentes du Japon.

A partir du 1er Janvier 1862, les sujets français seront autorisés à résider dans la ville de *Yedo* et à dater du 1er Janvier 1863, dans la ville d'Osaka, mais seulement pour y faire le commerce. Dans chacune de ces deux villes, un emplacement convenable dans lequel les Français pourront affermer des maisons sera déterminé par l'agent diplomatique français d'accord avec le Gouvernement japonais, et ils conviendront aussi des limites que les Français ne devront pas franchir autour de ces villes.

IV.

Les sujets français au Japon auront le droit d'exercer librement leur religion, et à cet effet ils pourront y élever, dans le terrain destiné à leur résidence, les édifices convenables à leur culte, comme églises, chapelles, cimetières, etc., etc.

Le Gouvernement japonais a déjà aboli dans l'empire l'usage des pratiques injurieuses au Christianisme.

V.

Tous les différends qui pourraient s'élever entre Français au sujet de leurs droits, de leurs propriétés ou de leurs personnes, dans les domaines de Sa Majesté l'Empereur du Japon, seront soumis à la juridiction des autorités françaises constituées dans le Pays.

VI.

Tout japonais qui se rendait coupable de quelque acte criminel envers un sujet français, serait arrêté et puni par les autorités japonaises compétentes, conformément aux lois du Japon.

Les sujets français qui se rendraient coupables de quelque crime contre les Japonais ou contre des individus appartenant à d'autres nations, seront traduits devant le Consul français et punis conformément aux lois de l'Empire français.

La justice sera équitablement et impartialement administrée de part et d'autre.

VII.

Tout sujet français qui aurait à se plaindre d'un Japonais, devra se rendre au Consulat de France et y exposer sa réclamation.

Le Consul examinera ce qu'elle aura de fondé et cherchera à arranger l'affaire à l'amiable. De même, si un Japonais avait à se plaindre d'un sujet français, le Consul de France l'écoutera avec intérêt, et cherchera à arranger l'affaire à l'aimable.

Si des difficultés surviennent qui ne puissent pas être aplanies ainsi par le Consul, ce dernier aura recours à l'assistance des autorités japonaises compétentes, afin que, de concert avec elles, il puisse examiner sérieusement l'affaire et lui donner une solution équitable.

VIII.

Dans tous les ports du Japon ouverts au commerce, les sujets français seront libres d'importer de leur propre pays ou des ports étrangers, et d'y vendre, d'y acheter et d'en exporter pour leurs propres ports ou pour ceux d'autres pays, toutes espèces de marchandises qui ne seraient pas de contrebande, en payant les droits stipulés dans le tarif annexé au présent traité et sans avoir à supporter d'autre charge.

A l'exception des munitions de guerre, qui ne pourront être vendues qu'au gouvernement japonais et aux étrangers, les Français pourront librement acheter des Japonais et leur vendre tous les articles qu'ils auraient à vendre ou à acheter, et cela, sans l'intervention d'aucun employé japonais, soit dans cette vente ou dans cet achat, soit aussi en effectuant ou en recevant le paiement de ces transactions.

Tout Japonais pourra acheter, vendre, garder, et faire usage de tout article qui lui serait vendu par des sujets français.

Le gouvernement japonais n'apportera aucun obstacle à ce que les Français résidant au Japon puissent prendre à leur service des sujets japonais et les employer à toute occupation que les lois ne prohibent pas.

IX.

Les articles réglementaires de commerce annexés au présent traité seront considérés comme en faisant partie intégrante, et ils seront également obligatoires pour les deux Hautes Parties contractantes qui l'ont signé.

L'agent diplomatique français au Japon, de concert avec les fonctionnaires qui pourraient être désignés à cet effet par le gouvernement japonais, auront le pouvoir d'établir dans tous les ports ouverts au commerce, les règlements qui seraient nécessaires pour mettre à exécution les stipulations des articles règlementaires de commerce ci-annexés.

X.

Les autorités japonaises, dans chaque port, adopteront telles mesures qui leur paraîtront les plus convenables pour prévenir la fraude et la contrebande.

Toutes les amendes et les confiscations imposées par suite d'infractions au présent Traité et aux règlements commerciaux qui y sont annexés, appartiendront au Gouvernement de Sa Majesté l'Empereur du Japon.

XI.

Tout bâtiment marchand français arrivant devant l'un des ports ouverts du Japon sera libre de prendre un pilote pour entrer dans le port, et, de même, lorsqu'il aura acquitté toutes les charges et tous les droits qui lui auraient été légalement imposés, et qu'il sera prêt à partir, il sera libre de prendre un pilote pour sortir du port.

XII.

Tout négociant français qui aurait importé des marchandises dans l'un des ports ouverts du Japon, et payé les droits exigés, pourra obtenir des chefs de la douane japonaise un certificat constatant que ce paiement a eu lieu, et il lui serait permis alors d'exporter son chargement dans l'un des autres ports du Japon, sans avoir à payer le droit additionnel d'aucune espèce.

XIII.

Toutes les marchandises importées dans les ports ouverts du Japon par des sujets français, et qui auraient payé les droits fixés par ce Traité, pourront être transportées par les Japonais dans toutes les parties de l'Empire, sans avoir à payer aucune taxe ni aucun droit de transit, de régie ou de toute autre nature.

XIV.

Toute monnaie étrangère aura cours au Japon, et passera pour la valeur de son poids comparé à celui de la monnaie japonaise analogue.

Les sujets français et japonais pourront librement faire usage des monnaies japonaises ou étrangères dans tous les paiements qu'ils auraient à se faire réciproquement.

Comme il s'écoulera quelque temps jusqu'au moment où le gouvernement japonais connaîtra exactement la valeur des monnaies étrangères, les autorités japonaises compétentes fourniront aux sujets français, pendant l'année qui suivra l'ouverture de chaque port, de la monnaie japonaise, en échange, à poids égal et de même nature que celle qu'ils lui donneront, et sans avoir à payer de prime pour le nouveau monnayage.

Les monnaies japonaises de toute espèce, à l'exception de celle de cuivre, pourront être exportées du Japon, aussi bien que l'or et l'argent étrangers non monnayés.

XV.

Si les chefs de la douane japonaise n'étaient pas satisfaits de l'évaluation donnée par les négocians à quelques-unes de leurs marchandises, ces fonctionnaires pourraient en estimer le prix et offrir de les acheter au taux ainsi fixé. Si le propriétaire refusait d'accepter l'offre qui lui aurait été faite, il aurait à payer aux autorités supérieures de la douane les droits proportionnels à cette estimation. Si, au contraire, l'offre était acceptée, la valeur offerte serait immédiatement payée au négociant sans escompte ni rabais.

XVI.

Si un batiment français venait à naufrager ou à être jeté sur les côtes de l'empire du Japon, ou s'il était forcé de chercher un refuge dans quelque port des domaines de Sa Majesté l'Empereur du Japon, les autorités japonaises compétentes, ayant connaissance du fait, donneraient immédiatement à ce batiment toute l'assistance possible. Les personnes du bord seraient traitées avec bienveillance et on leur fournirait, si cela était nécessaire, les moyens de se rendre au consulat français le plus voisin.

XVII.

Des fournitures à l'usage des batimens de guerre français pourront être débarquées à *Kanagawa*, à Hakodade, et à *Nagasaki*, et placées en magasins à terre, sous la garde d'un employé du gouvernement français, sans avoir à payer de droits; mais si ces fournitures étaient vendues à des Japonais ou à des étrangers, l'acquéreur paierait aux autorités japonaises compétentes la valeur des droits qui y seraient applicables.

XVIII.

Si quelque Japonais venait à ne pas payer ce qu'il doit à des sujets français, ou s'il se cachait frauduleusement, les autorités japonaises compétentes feraient tout ce qui dépendrait d'elles pour le faire traduire en justice et pour obtenir de lui le paiement de sa dette, et si quelque sujet français se cachait frauduleusement ou manquait à payer ses dettes à un Japonais, les autorités françaises feraient de même tout ce qui dépendrait d'elles pour amener le délinquant en justice et le forcer à payer ce qu'il devrait.

Ni les autorités françaises, ni les autorités japonaises ne seront responsables du paiement de dettes contractées par des sujets français ou japonais.

XIX.

Il est expressément stipulé que le gouvernement français et ses sujets jouiront, librement, à dater du jour où le présent Traité sera mis en vigueur, de tous les privilèges, immunités et avantages qui ont été ou qui seraient garantis à l'avenir par Sa Majesté l'Empereur du Japon au Gouvernement ou aux sujets de toute autre nation.

XX.

Il est également convenu que chacune des deux Hautes Parties contractantes pourra, après en avoir prévenu l'autre, une année d'avance, à dater du 15 Août 1872, ou après cette époque, demander la révision du présent Traité pour y faire les modifications ou y insérer les amendements que l'expérience aurait démontrés nécessaires.

XXI.

Toute communication officielle adressée par l'agent diplomatique de Sa Majesté l'Empereur des Français aux autorités japonaises, sera dorénavant écrite en français. Cependant pour faciliter la prompte expédition des affaires, ces communications, ainsi que celles des consuls de France au Japon, seront, pendant une période de cinq ans, à dater de la signature du présent Traité, accompagnées d'une traduction japonaise.

XXII.

Le présent Traité de paix, d'amitié et de commerce sera ratifié par Sa Majesté l'Empereur des Français et par Sa Majesté l'Empereur du Japon et l'échange de ces ratifications aura lieu à Yedo dans l'année qui suivra le jour de la signature.

Il est convenu entre les Hautes Parties contractantes qu'au moment où le Traité sera signé, le Plénipotentiaire français remettra aux Plénipotentiaires japonais deux textes en français du présent Traité, comme, de leur côté, les Plénipotentiaires japonais en remettront au Plénipotentiaire français deux textes en japonais. Ces quatre documents ont le même sens et la même portée; mais pour plus de précision, il a été convenu qu'il serait annexé à chacun d'eux une version en langue hollandaise qui en serait la traduction exacte, attendu que de part et d'autre, cette langue peut être facilement comprise et il est également convenu que dans le cas où interprétation différente serait donnée au même article français et japonais, ce serait alors la version hollandaise qui ferait foi.

Il est aussi convenu que la version hollandaise ne différera en aucune manière, quant au fond des textes hollandais qui font partie des traités conclus récemment par le Japon avec les Etats-Unis d'Amérique, l'Angleterre et la Russie.

Dans le cas où l'échange des Ratifications n'aurait pas lieu avant le 15 août 1859, le présent Traité n'en serait pas moins mis à exécution à dater de ce jour-là.

En foi de quoi les Plénipotentiaires respectifs ont signé le présent Traité et y ont apposé leurs cachets.

Fait à Yedo le 9 octobre 1858, correspondant au troisième jour du neuvième mois de la cinquième année du *Nengo Ansei*, dite *l'année du Cheval*.

Signé: Baron Gros.
Midzuno Chikugo no Kami.
Nagai Genba no Kami.
(L. S.) Inouye Shinano no Kami.
Hori Oribei no Sho.
Iwase Higo no Kami.
Nonoyama Shozo.

Règlements commerciaux.

I.

Dans les quarante-huit heures qui suivront l'arrivée d'un batiment français dans l'un des ports japonais ouverts au commerce français, le capitaine ou le commandant de ce batiment remettra à la douane japonaise le reçu du consul de France qui prouvera qu'on a déposé chez lui tous les papiers du bord, les connaissements, etc., et le capitaine ou le commandant annoncera alors l'entrée de son navire en douane, en remettant une déclaration écrite qui fera connaître le nom du navire et celui du port d'où il provient, son tonnage, le nom de son capitaine ou commandant, le nom des passagers, s'il y en a, et le nombre de personnes qui composent son équipage. Cette déclaration sera certifiée véritable par le capitaine ou le commandant et sera signée par lui. Il déposera en même temps un manifeste de son chargement, indiquant le nombre et la marque des colis qui le composent, leur contenu tel qu'il est détaillé dans les connaissements, avec le nom de la personne ou des personnes auxquelles ces colis sont adressés. Une liste des provisions du bord sera jointe au manifeste. Le capitaine ou le commandant certifiera que ce manifeste contient la description exacte de toute la cargaison et des provisions du bâtiment et le signera de son nom.

Si une erreur est reconnue comme ayant été commise dans le manifeste, elle pourra être corrigée dans les vingt-quatre heures (dimanches excepté) sans qu'elle puisse donner lieu au paiement d'aucune amende, mais si une altération ou une déclaration tardive dans le manifeste était faite après ce laps de temps, une amende de 81 francs serait imposée au délinquant.

Toutes les marchandises non déclarées dans le manifeste paieront un double droit au moment de leur débarquement.

Tout capitaine ou commandant de bâtiment marchand français qui négligerait de déclarer l'entrée de son navire en douane japonaise dans le temps prescrit par ce règlement, paiera une amende de 324 francs par chaque jour de retard apporté à la déclaration à faire.

II.

La douane japonaise aura le droit de placer ses employés à bord de tout bâtiment entré dans le port (les navires de guerre exceptés). Tous ces employés de la douane seront traités avec égard, et toutes les facilités qu'on pourra leur accorder leur seront données.

Aucune marchandise ne sera débarquée avant le lever du soleil ni après son coucher, sans une permission spéciale des autorités de la douane, et la cale et les autres issues du batiment qui mènent au lieu où se trouve renfermée la cargaison, seront gardées par les officiers japonais pendant les heures comprises entre le coucher et le lever du soleil, au moyen de scellés, de serrures ou d'autres fermetures, et si, sans en avoir la permission, quelque individu ouvrait l'une de ces issues qui auraient été fermées, ou brisait les scellés, les serrures ou les autres fermetures apposées par les employés de la douane japonaise, il serait passible d'une amende de 324 francs pour chaque infraction.

Toutes les marchandises qui seraient débarquées d'un bâtiment sans avoir été légalement déclarées à la douane japonaise, ainsi qu'il est dit ci-dessus, seraient confisquées après enquête et preuve acquise.

Les colis de marchandises disposées avec l'intention de frauder le revenu du Japon en cachant des articles de valeur qui ne seraient pas déclarés dans le manifeste d'entrée, seront confisqués.

Si quelque batiment français faisait la contrebande ou cherchait à introduire des marchandises dans les ports du Japon qui sont encore fermés, ces marchandises seraient confisquées au profit du gouvernement japonais, et le batiment serait imposé à une amende de 5,400 francs pour chaque contravention.

Les bâtimens qui auraient besoin de réparations, pourront à cet effet, débarquer leur cargaison sans avoir à payer aucun droit. Toutes les marchandises ainsi débarquées seraient placées sous la garde des autorités japonaises, et toutes les dépenses à faire pour magasinage, travaux et surveillance seraient payées. Mais si une partie de cette cargaison était vendue, les droits légaux devraient être payés pour la partie dont on aurait disposé.

Les cargaisons pourront être transbordées sur un autre bâtiment mouillé dans le même port sans avoir à payer aucun droit; mais tout transbordement devra être fait sous la surveillance des employés japonais, et après que les autorités de la douane auront acquis la preuve de la bonne foi de la transaction, et lorsque ces autorités auront aussi donné la permission d'opérer le transbordement.

L'importation de l'opium étant prohibée, tout bâtiment français arrivant au Japon pour y faire le commerce, et ayant plus de trois *catties* d'opium à bord, pourra voir le surplus de cette quantité confisqué et détruit par les autorités japonaises, et tout individu faisant ou essayant de la contrebande d'opium sera passible d'une amende de 81 francs pour chaque *cattie* d'opium entré ainsi en contrebande.

III.

Le propriétaire ou le consignataire de marchandises qui voudrait les débarquer, en fera la déclaration à la douane japonaise. Cette déclaration sera écrite et contiendra le nom de la personne qui fera l'introduction et celui du bâtiment où se trouvent les marchandises, ainsi que le nombre et la marque des colis. Le contenu et la valeur de chaque colis seront constatés séparément sur la même feuille et à la fin de la déclaration, on additionnera la valeur de toutes les marchandises qui composeront l'entrée en douane. Sur chaque déclaration, le propriétaire ou le consignataire certifiera par écrit qu'elle contient la valeur actuelle des marchandises et que rien n'a été dissimulé pour nuire à la douane japonaise. Le propriétaire ou le consignataire signera ce certificat.

La facture ou les factures des marchandises ainsi introduites seront présentées aux autorités de la douane et resteront entre leurs mains jusqu'à ce que ces autorités aient examiné les marchandises mentionnées dans la déclaration. Les employés japonais pourront vérifier un ou plusieurs de ces colis ainsi déclarés, et à cet effet, ils les feront transporter à la douane s'ils le veulent. Mais cette visite ne devra causer aucune dépense à l'introducteur ni porter préjudice aux marchandises et après leur examen, les Japonais replaceront ces marchandises dans les colis et autant que possible dans l'état où elles se trouvaient primitivement. — Cette visite devra être faite sans perte de temps.

Si quelque propriétaire ou introducteur de marchandises s'apercevait qu'elles ont été avariées pendant le voyage d'importation, avant qu'elles lui aient été délivrées, il pourra notifier aux autorités de la douane les avaries survenues, et ces marchandises avariées seront évaluées par deux ou par plusieurs personnes compétentes et désintéressées qui, après mur examen, délivreront un certificat faisant connaître le montant à tant pour cent des avaries éprouvées dans chaque colis séparément, en le décrivant par ses marques et numéros. Ce certificat sera signé par les experts en présence des employés de la douane, et l'introducteur annexera ce certificat à son manifeste en y faisant les réductions convenables; mais ce fait n'empêchera pas les employés de la douane de s'approprier ces marchandises selon les formes indiquées dans l'article 15, du présent Traité, auquel ces règlements sont annexés.

Lorsque les droits auront été payés, le propriétaire recevra l'autorisation de reprendre ses marchandises, soit qu'elles se trouvent à la douane, soit qu'elles n'aient pas quitté le bord.

Toute les marchandises destinées à être exportées passeront par les douanes japonaises avant d'être transportées à bord, la déclaration d'entrée sera faite par écrit et contiendra le nom du bâtiment sur lequel elles devront être exportées, avec le nombre des colis, leur marque et la déclaration de la valeur de leur contenu. La personne qui exportera ces marchandises certifiera par écrit que sa déclaration est un exposé sincère de toutes les marchandises dont elle fait mention, et il la signera.

Toutes les marchandises qui seraient embarquées à bord d'un bâtiment pour être exportées avant d'avoir passé par la douane, et tous les colis qui contiendraient des articles prohibés, seront saisis par le Gouvernement japonais.

Il ne sera pas nécessaire de faire passer en douane les provisions destinées à l'usage des bâtiments français, de leurs équipages et de leurs passagers, ni les effets d'habillement des passagers.

IV.

Les bâtiments français qui voudront être expédiés par la douane, la préviendront vingt-quatre heures d'avance, et à l'expiration de ce terme, ils auront le droit de recevoir leurs expéditions; mais si elles leur étaient refusées par la douane, les employés de cette administration devraient immédiatement en informer le capitaine ou le consignataire du bâtiment et lui faire connaître les raisons de ce refus; ils feront la même déclaration au consul.

Les navires de guerre français pourront librement entrer dans le port et en sortir sans avoir à présenter de manifeste. Les employés de la douane et de la police n'auront pas le droit de visiter ces bâtiments. Quant aux navires français qui porteraient les malles, ils devront entrer en douane et y être expédiés le même jour et ils n'auront à présenter de manifeste que pour les passagers et les marchandises qu'ils auraient à débarquer.

Les bâtiments français relâchant pour avoir des provisions, et les bâtiments français en détresse ne seront pas tenus de fournir un manifeste de la cargaison; mais s'ils veulent, plus tard, faire le commerce, ils auront à en donner un, en observant les formalités prescrites par le premier règlement.

Le mot *bâtiment*, quelle que soit la place qu'il occupe dans ce traité, et dans son annexe, signifiera toujours navire, trois-mats, barque, brick, goëlette, sloop ou bâtiment à vapeur.

V.

Tout individu qui signerait une fausse déclaration ou un faux certificat dans l'intention de frauder le revenu du Japon, paiera une amende de 675 francs pour chacune des infractions qu'il aurait commises.

VI.

Aucun droit de tonnage ne sera perçu sur les bâtiments français dans les ports du Japon, mais les taxes suivantes seront payées par eux à la douane japonaise :

Pour l'entrée d'un bâtiment, 81 francs.

Pour l'expédition d'un bâtiment, 37 fr. 80 centimes.

Pour chaque permis délivré, pour chaque bulletin de santé, pour tout autre document, 8 fr. 10 centimes.

VII.

Les droits à payer au gouvernement japonais sur toutes les marchandises débarquées dans le pays le seront conformément au tarif suivant :

CLASSE I.

Tous les articles contenus dans cette classe seront libres de droits :

L'or et l'argent, monnayés ou non, les vêtements de toute sorte en usage dans le moment, les ustensiles de ménage, et les livres imprimés non destinés à être vendus, mais étant la propriété de personnes venant résider au Japon.

CLASSE II.

Un droit de 5 pour cent sera payé sur les articles suivants :

Tous les matériaux employés à la construction, au gréement, aux réparations ou à l'équipement des bâtiments.

Les apparaux de toute espèce pour la pêche de la baleine ; les provisions salées de toute sorte ; le pain et ses analogues ; les animaux vivants de toute espèce ; le charbon ; les bois de construction pour maisons ; le riz ; millet ; les machines à vapeur ; le zinc ; le plomb ; l'étain ; la soie écrue ; les étoffes de coton et de laine.

CLASSE III.

Un droit de 35 pour cent sera payé sur toutes les liqueurs enivrantes, soit qu'elles aient été préparées par distillation, par fermentation ou de toute autre manière.

CLASSE IV.

Toutes les marchandises non comprises dans les classes précédentes paieront un droit de 20 pour cent.

Tous les articles de production japonaise qui seront exportés comme chargement, paieront un droit de 5 pour cent, à l'exception de l'or et de l'argent monnayés et du cuivre en barre.

Le riz et le blé récoltés au Japon ne seront pas exportés comme chargement; mais tous les sujets français résidant au Japon et les bâtiments français, pour leurs équipages et pour leurs passagers, pourront recevoir une provision suffisante de ces denrées.

Les grains étrangers apportés dans l'un des ports ouverts du Japon par un bâtiment français, pourront être exportés sans obstacle, s'ils n'ont pas été en partie débarqués.

Le Gouvernement japonais vendra, de temps à autre, aux enchères publiques, une certaine quantité de cuivre formant l'excédant de ses exploitations.

Cinq années après l'ouverture du port de Kanagawa, les droits d'importation et d'exportation pourront être modifiés si l'un ou l'autre des deux Gouvernements de France et du Japon le désire.

Fait à Yedo en quatre expéditions, le 9 octobre 1858, correspondant au troisième jour du neuvième mois de la cinquième année du *Nengo Anchei*, dite l'*année du Cheval*.

Signé: Baron GROS.
MIDZUNO CHIKUGO no KAMI.
NAGAI GENBA no KAMI.
(L. S.) INOUYE SHINANO no KAMI.
HORI ORIBE no KAMI.
IWASE HIGO no KAMI.
NONOYAMA SHOZO.

IMPRIMERIE CI-DEVANT E. J. BRILL, LEIDE.

www.ingramcontent.com/pod-product-compliance
Ingram Content Group UK Ltd.
Pitfield, Milton Keynes, MK11 3LW, UK
UKHW021559260726
13993UKWH00002B/937